江西理工大学清江学术文库

总额预付制下的医疗供给行为：作用机理与费用表现

曾国华　蒋翠珍　罗传勇　著

北　京
冶　金　工　业　出　版　社
2019

内 容 提 要

本书主要介绍了总额预付制的来龙去脉、内涵及其应用；在分析总额预付制度下的医疗服务供给、医疗服务质量、弃置病人行为特征的基础上，构建总额预付制对医疗供给行为的影响机理；分析了新型农村合作医疗保险次均费用限额制度、次均费用限额下的医疗费用变动、供给侧成本控制的意外结果、新农合制度下的供给诱导需求行为、就医距离与非理性医疗行为以及城乡居民医保一体化背景下医疗费用变化。

本书可供高等院校管理学、劳动经济学、卫生经济学以及相关专业的师生阅读，也可供科研院所科研工作者及政府相关部门管理人员参考。

图书在版编目(CIP)数据

总额预付制下的医疗供给行为：作用机理与费用表现/曾国华，蒋翠珍，罗传勇著.—北京：冶金工业出版社，2019.12

ISBN 978-7-5024-8356-2

Ⅰ.①总… Ⅱ.①曾… ②蒋… ③罗… Ⅲ.①医疗保险—支付方式—研究—中国 Ⅳ.①F842.613

中国版本图书馆CIP数据核字(2019)第289903号

出 版 人 陈玉千
地　　址 北京市东城区嵩祝院北巷39号 邮编 100009 电话 (010)64027926
网　　址 www.cnmip.com.cn 电子信箱 yjcbs@cnmip.com.cn
责任编辑 杨盈园 美术编辑 彭子赫 版式设计 禹 蕊
责任校对 王永欣 责任印制 李玉山
ISBN 978-7-5024-8356-2
冶金工业出版社出版发行；各地新华书店经销；北京虎彩文化传播有限公司印刷
2019年12月第1版，2019年12月第1次印刷
169mm×239mm；8印张；152千字；116页
48.00元

冶金工业出版社 投稿电话 (010)64027932 投稿信箱 tougao@cnmip.com.cn
冶金工业出版社营销中心 电话 (010)64044283 传真 (010)64027893
冶金工业出版社天猫旗舰店 yjgycbs.tmall.com

（本书如有印装质量问题，本社营销中心负责退换）

前　言

作为世界上参保受益面最广的医保制度，我国新型农村合作医疗（以下简称新农合）参合人数已接近 8 亿人，补偿受益超过 16 亿人（次）。与多数国家近年来经历的快速、不可阻挡的医疗费用增长相似，新农合基金支出也从2004 年的26.37 亿元大幅增长到2014 年的2890.4 亿元[1]，年均增幅高达 60%，远超同期农民纯收入、财政收入和 GDP 增长速度。持续上升的医疗支出不仅会吸收部分甚至全部的实际收入增长，也可能挤出教育和其他社会服务消费。“控制医疗费用过快增长的势头是我国当前亟待解决的主要问题”[2]。我国政府早在 2011 年就明确“以支付制度改革控制医疗基金支出的不合理增长、减轻人民医疗负担”[3]，“结合基金收支预算管理加强总额控制，探索总额预付”[4]。各地方政府近年来更是大力推动总额预付制等新型支付方式的实施。

然而，与墨西哥、越南等国家农村医疗保障体系显著减少参保人员自付医疗费用相比，我国新农合制度并未能有效降低参合农民的实际医疗支出。那么，新农合制度背景下，为人津津乐道并被发达国家广泛采用的总额预付制理应具有怎样的市场效应？又有哪些因素会影响制约着这些应有效应在我国医疗市场的发挥？对于上述问题的回答，关乎新农合基金健康运行和支付方式改革的方向，不仅十分必要，而且非常紧迫。

与此同时，随着人口老龄化、慢性病蔓延、城镇化带来的医疗需求释放，医疗保险基金支付将面临更大的压力。因此，尽早、尽快开

---

[1] 数据来源：《中国统计年鉴（2015）》。

[2] 《财政部：医疗费用过快增长问题亟待解决》．南方周末，2016－07－22. www. toutiao. com/i6310180038654296578/。

[3] 国家卫生计生委、财政部在《关于做好 2015 年新型农村合作医疗工作的通知》中更明确提出“全面、系统推进多种付费方式相结合的复合支付方式改革”。

[4] 2011 年6 月，人力资源和社会保障部在《关于进一步推进医疗保险付费方式改革的意见》中首次明确提出“结合基金收支预算管理加强总额控制，探索总额预付”。

展中国医疗制度背景下新农合总额预付制的市场表现及其影响因素的研究，探究制约我国总额预付制控费效果的原因，总结一般规律，不仅可以弥补现有研究在发展中国家经验认知上的不足，为发展中国家和分层医疗体系国家提供借鉴，更关系到我国医疗改革，尤其是公立医院改革的方向和医疗系统的健康持续运行，具有重要的理论价值和实际意义。

围绕总额预付制下医疗供给行为这一核心问题，本书从内在作用机理和外在医疗费用表现两个维度，在对现有文献进行梳理综述的基础上，从总额预付制下的医疗费用水平和结构、医疗费用周期特征、就医距离与非理性医疗费用、城乡居民医保一体化下的医疗费用变化等多个方面进行量化实证研究。具体内容包括：

第 1 章总额预付制度下医疗供给：文献综述。分别从总额预付制度的概念及强化机制、总额预付制度下的医疗成本、医疗服务供给数量、选择病人行为、医疗质量以及竞争在其中的调节作用等方面进行梳理归纳。

第 2 章总额预付制下的医疗费用水平和结构。以新农合为例，在对总额预付下医疗供给方行为进行理论分析的基础上，利用某三甲医院个体住院数据，采用断点回归法分析儿科、泌尿外科和妇产科住院患者的医疗费用结构及水平情况。

第 3 章总额预付制下的医疗费用周期特征。在次均限额下医疗供给动机理论分析的基础上，利用某三甲医院新农合患者住院数据考察次均费用限额下住院费用的周期特征。

第 4 章就医距离与非理性医疗费用。在就医距离如何影响医疗费用理论分析的基础上，基于 2011 年、2013 年、2015 年 Charls 微观数据，利用门槛回归检验了距离对住院费用的非线性影响，并采取 Blinder-Oaxaca 分解剥离距离引起的非理性住院费用增长。

第 5 章城乡居民医保一体化下的医疗费用变化。基于江西省 G 市 N 区 2015～2017 年城乡居民医疗费用数据，探索患者医疗费用变化趋势及特征。

本书内容涉及的研究项目得到国家社会科学基金一般项目“基于助推理论的欠发达地区慢性病患者分流机制及实验研究”（课题编号：18BGL246）、2019 年江西省社会科学规划重点项目“基于认知行为理论的慢性病患者基层医院引导行为机制研究”的资助。本书出版得到江西理工大学清江学术文库资助。

本书在写作过程中得到了诸多专家的指导和帮助，特此表示衷心的感谢。感谢研究生王万里、吴培瑛、胡跃龙、袁鑫鑫认真细致的编排、校订工作。限于学识水平，书中错漏之处在所难免，恳请各位同仁及读者指正。

作　者

2019年9月

目　录

1 总额预付制度下医疗供给：文献综述

本章对总额预付制度的概念及强化机制，总额预付制度下的医疗成本、医疗服务供给数量、选择病人行为、医疗质量以及竞争在其中的调节作用等方面进行梳理归纳。

1.1 总额预付制简述

1.1.1 基本概念

总额预付是按一定方式分配给医疗部门或医疗系统固定数量的资源，以控制医疗总体支出，保证民众享受合理、可负担的医疗服务。总额预付制本身是一种辅助支付方式，可以和其他任意支付方式叠加，形成适用不同背景的方案。一般来说，有三种强化机制来保证总额预算目标的实现，分别是价格限制、补偿额限制、供给方预算限制。

1.1.2 强化机制

1.1.2.1 价格限制

为了解决成本补偿机制（cost reimbursement）导致的医疗费用快速增长问题，发达国家纷纷进行支付方式改革。美国政府从 1983 年开始采用预付制，医院按照病种得到固定的次均诊断补偿，这种固定价格合同使医院具有了成本压缩的动机。而其他多数发达国家选择总额预付，对医院支出设定上限。不像传统的投资回报管制，纯粹的价格上限管制通过固定企业产品价格促使医院形成对成本效率的控制动机。

价格限制通常用于按服务付费系统中的成本控制，它能否有效取决于预算超支价格调整机制。在预算目标（budget target）系统中，如果当年支出水平超支，则对未来价格进行调整。美国 Medicare VPS 系统就是典型的预算目标系统。而在预算上限（budget cap）系统中，价格是可浮动的，以保证当年支出低于预算。德国、中国台湾地区以及少数加拿大地区采取这种价格调整机制。

价格上限管制企业在可能获得更高利润的同时，也面临着更高的风险。由企业承担不可预期的需求和成本变化的风险会对投资产生不利影响。为了克服价格管制的缺陷，出现了多种修正形式的价格管制。利润共享机制是其中的一种。这种机制下，如果企业利润高于预先设定值，超出部分重新分配给客户，使其更公平。另外一些价格管制的变化形式是带成本传递的价格管制，它假定一些成本是企业控制之外的，因此可以传递给客户。在不对称成本传递中，成本增加能够从客户获得补偿，但成本下降则不被共享。虽然这些修正形势的价格管制降低了服务供给方的风险，但将质量敏感因素加入到价格控制公式会导致额外的管制和监督成本，危害价格上限管制中价格控制方法的简便性。

1.1.2.2　补偿额限制

与大量的价格限制文献相比，关于补偿额限制和供给方预算限制的理论和实证研究相对较少。补偿额限制系统下，预算目标转化为按人头支付的健康计划，年度预算使得供给方具有强烈的成本效率意识。一般而言，限额补偿额适用于传统保险计划的支出控制；这种策略经常出现在按人头支付主导的支付系统中。一般认为，补偿额限制方案可能导致供给方选择较为健康病人的行为。

1.1.2.3　供给方预算限制

供给方预算限制是指给医疗供给方提供一个提前确定、固定金额、不随医疗服务量变化的年度医疗预算。美国纽约、罗契斯特实行这种方案。这种策略为供给方合理利用医疗资源提供了直接的经济刺激，但同样面临服务不足和风险选择的问题。

过去的经验表明总额预付在引导供给方关注医疗资源使用方面影响较弱，需要额外增加监控和批准机制。总额预付要取得较好的效果，需要监控包括医疗服务数量、成本以及支付等所有数据，实行信息化管理。

1.2　总额预付制下的医疗供给行为：综述

近年来，多数国家经历了快速的、不可阻挡的医疗费用增长。持续上升的医疗支出不仅吸收了部分甚至全部的实际收入增长，同时还挤出了教育和其他社会服务消费，成本控制成为几乎所有健康领域改革最突出的特征。在诸多控制成本的策略中，总额预付制度能在不损害医生专业自主性的情况下实现成本控制，其通过固定支出上限控制医疗费用增长的效果已得到多数学者的肯定，并被中国以及 OECD（经济合作与发展组织）国家广泛采用。

然而，虽然总额预付制已在部分发达国家实施 30 余年，积累了很多经验，理论研究也取得了丰富的成果，但这种支付方式对医疗供给行为以及除了成本控制之外的医疗系统表现，不论是理论还是实证认知都非常有限。因此，系统梳理、归纳国外总额预付制的市场表现及其影响因素，总结其中的一般规律，对于我国医疗市场总额预付制的实施具有重要意义。鉴于此，本书基于国外文献，对总额预付制的基本理念、强化机制，及其对医疗成本、医疗供给数量和质量以及供给方的行为变化进行了归纳，并在此基础上对未来的研究方向进行了展望，希望能为我国医疗市场总额预付制的实施和改进提供参考，并为后续相关研究提供启示。

1.2.1 总额预付制下的医疗成本：水平与结构

一般认为，总额预付制能减少医院投入、降低次均成本，减缓医疗资源使用的过度增长，能在不损害医生专业自主性的情况下实现成本控制。但也有学者对总额预付制的控费效果提出质疑。Cheng 等人基于中国台湾地区的研究指出，实行总额预付后中国台湾地区医院住院时间增加 7%，次均药物治疗增加 15%，补偿费用增加 14%，次均自付费用增加 6%。

Cheng 等人基于中国台湾地区的研究指出，总额预付制度下，医院试图增加次均可报费用来保护可能的损失。Simpson 等人对美国 1997 年平衡预算法案门诊康复服务年度限额政策的市场效应进行了分析。结果表明，门诊康复服务年度限额可能使服务供给的结构发生变化。平衡预算法案上限管制降低了 B 类账单支付中超支患者比例，但对于其他支付部分的效果不明显。康复服务账单可能从受到管制的 B 类账单转移到未受到管制的设施设备使用账单。Shigeokaa、Fushimi 通过分析引入预付制后医保报销额上升的程度检验了新生儿诊断的供给诱导需求程度，发现由于新生儿加强服务（NICU）相对利润更高，医生通过更多频率统计新生儿报告体重，提高 NICU 使用数量。

1.2.2 总额预付制对医疗服务供给数量的影响

尽管过去 30 年总额预付制在发达国家积累了很多经验，但对这种支付方式对医疗供给行为以及除了成本控制之外的医疗系统表现，不论是理论还是实证认知都非常有限。本节分别从医疗服务供给数量、弃置病人行为和医疗服务质量等方面对总额预付制的市场影响进行分析。

1.2.2.1 总额预付影响医疗供给数量的理论分析

一般认为，能够对总额预付制下医疗供给方行为反应进行合理解释的理论主要有博弈论和公共资源理论。

第一种能对总额预付下医疗供给数量进行解释的理论是博弈论。Phelps 认为在医生追求利润最大化的假设下，如果医疗供给方同时选择较少服务数量以追求更高的服务单价，则他们均能获得最高收益；但在不知道其他供给方策略的情况下，单个供给方的最优策略是提供最多数量的服务来保证其市场份额。当所有的供给方均选择增加服务数量时，服务单价的下降导致从医保购买方获得的补偿减少，从而出现囚徒困境，理性个体追求自身利益将导致集体利益的受损。Fan 等人运用博弈理论发现，总额预付下的供给方行为能被对称纳什均衡模型很好的解释，没有任何个体供给方具有最大化群体利润的动机。个体为了自身利润最大化而忽视自身行为对总体价格水平的边际影响，竞争意识让所有个体提供更多的服务，导致低价均衡。

第二种能对总额预付制下医疗供给方行为反应进行合理解释的理论是聚焦社会福利的公共财产资源理论（the theory of common-property resources）。在这一理论框架下，与具有低排他性特征的纯粹公共资源不同，公共财产资源通常面临着过度拥挤或过度使用问题，医疗供给方在共享一个规模既定的预算时倾向于提高他们的市场份额。并且，只要总额过量的责任由集体来承担，个人供给方限制医疗供给行为的动机就非常小。

1.2.2.2 总额预付影响医疗供给数量的实证分析

理论研究表明，总额预付制下医生会提高服务供给数量，但实证研究结果并未在这一点上达成一致。

Kan 等人指出，总额预付制下，不论是盈利性质还是非盈利性质医院都增加了诊断强度。Pi-Fem Hsu 使用中国台湾地区行政数据的嵌套随机模型估计结果显示，总额预付制下医院会提高供给以提高医院在预算总额中的市场份额。Cheng 等人，Chen 等人，Lo、Chan，Lee、Jones 基于中国台湾地区数据的研究均支持上述判断。Elise 等人基于法国医疗改革背景利用 2005 年和 2008 年政府健康管理数据的模糊断点回归估计表明，政府管制导致医疗服务价格下降 42%，全科医生医疗服务供给增加了 50%；男性医生医疗服务增加程度高于女性；价格管制下男性医生的收入高于管制前收入，女性医生则相反。Benstetter、Wambach 基于德国数据的分析也发现，总额预付制下医生会提高服务数量实现目标收入，出现“水车效应”（treadmill effect）。加拿大实行总额预付之后，服务量快速增长，医疗费用有所增加。美国的实证分析也均证实总额预付对医疗服务供给数量的刺激作用。

与此相反的是，Detsky 等人认为总额预付导致了安大略湖和美国医院更少的次均投入和患者日均投入。Redmon、Yakoboski 认为，部门预算有助于法国医院 1960 ~ 1990 年间医疗服务使用量的控制。McKnight 基于美国数据的分析表明，总额预付下医生并没有很大程度上改变他们的行为。

总体来看，理论上总额预付制容易导致医疗供给方出现囚徒困境，医院增加服务供给以便提高在预算总额中的市场份额，而实证分析结论并不一致。实际上，总额预付制度下个体医院是否选择超额供给受到市场结构、医院属性与规模以及医生偏好等多种因素的影响。

1.2.2.3 影响总额预付下供给数量的调节变量

（1）市场结构。Fan 等人指出，如果存在大量供给方，并且市场是竞争的，总额预付制度下供给方会提供更多的服务数量；如果供给方之间串谋，供给方行为取决于政府对超额部分的惩罚力度；如果供给方具有市场控制力，则会减少医疗服务量。

（2）医院所有制属性。Kan 等人指出，由于不同的制度背景和财务约束，盈利性质的医院可能与私人非盈利医院和公立医院的行为不同。其原因在于：非盈利医院和公立医院不能分配利润，公立医院还面临其他的政治和法律约束；同时，私人非盈利医院和公立医院被认为是为特定群体服务或达到特定目标。例如慈善。由此，利润最大化不是他们的首要目标。并且，私人非盈利医院和公立医院的软预算约束表明他们对财务刺激并不是那么敏感和积极。

实证研究结果也表明，私人非盈利医院和公立医院对财务刺激反应迟钝，尤其是公立医院。

（3）医院规模。Chen、Fan 采用两产品博弈理论模型和双重差分 DID 策略进行研究发现，对个体利益的追逐导致医院诊断人数增加；由于大医院提供更好的产品和服务，大医院和医疗中心的住院人次显著增长；而本地医院，尤其是那些没有教学点的小型医院服务数量下降。

（4）医生偏好与个人特征。追求闲暇效用最大化的医生在价格管制下会通过价格筛选患者，并减少服务，而追求利润最大化的医生则可能提供与不管制时同样的服务。Elise 等人指出，价格管制对男性医生产生了明显的收入效应，男性医生受到价格管制约束后倾向于提供更多的服务，这也导致了他们收入高于女性医生。

（5）价格限制。Ikegami、Campbell 提出，政府干预虽然能够显著控制医疗费用的快速增长，但任何价格上的管制都会引起医疗服务供给方医疗服务投入量的变化。Kakinaka、Kato 指出，在管制者和供给方信息不对称的价格上限系统中，与社会最优产出相比，异质性的供给方要么供给不足，要么过量供给。少量供应或过量供应的程度取决于价格方案以及他们在非对称信息下的仁慈程度。如果新药利润更高，供给方倾向于更多的供给新药；如果老药利润更高，不是那么仁慈的供给方会减少新药的供给。这和 Iizuka 的实证结论一致，财务动机的确影响医疗供给方的供给行为。支出上限政策对社会总体福利具有明显的副作用。

与此同时，价格上限管制会影响市场上不同类型企业的数量，可能导致市场分割。Zhang 等人指出价格上限管制伴随着更多的仿制药企业退出市场。Mian Dai 对美国 1000 个县村的透析设备运营数据进行研究，发现价格上限管制降低了单一产品企业数量，但多产品企业数量增加。

1.2.3　总额预付制下医院选择（弃置）病人的行为

弃置病人一般指转移贫困的或者不受欢迎的病人到其他医院，一般是从医院急诊部门、盈利或私人非盈利医院被转移到公立医院。被转院的病人通常会因延迟的诊治导致病情严重，也消耗了更多的医院资源。Ansell、Schiff 估算 1987 年美国大约有 250000 名病人因为经济原因被拒诊。根据 Schiff 等人的估算，接受弃置病人的医院每年要花费数百万美元，Ansell、Schiff 估计这一数字约为 10.4 亿美元。

总额预付制度也因会加剧弃置病人而受到指责。Lin 等人针对 128 家中国台湾地区医院的调查表明，绝大多数普通医院主管认为总额预算制度使得医院试图将费用控制在预算之内，超过固定限额之后，医院和重病患者均不会得到补偿，由此导致病人推诿现象的增加；83.8% 的医院主管认为自己的医院存在一定程度的弃置病人情况。进一步地，Pruitt、Langland-Orban 基于中国台湾地区数据的研究发现，控制住其他因素影响后，主管感知的弃置病人程度和按病种付费下患者人数、医疗市场竞争程度以及医院病床数正相关；在中国台湾地区的总额预付制度下，弃置病人现象很普遍。

Ching-Chi Hsu 对弃置病人的影响因素做了非常好的总结。总体来看，包括医院所有制属性、教学状态和市场竞争程度。

（1）医院所有制性质。私人盈利性质的医院更可能因为经济原因转诊病人。Lin 等人指出，弃置病人和医院所有制之间关系的原因是投资者所有或盈利性质医院因为追求利润最大化对成本控制更积极。在盈利导向下，盈利性质的私人医院医生更具有选择低成本或盈利病人，拒绝高成本和不盈利病人的动机。但在近年医疗系统成本压缩改革下，所有制差异正在逐渐模糊。Pruitt、Langland-Orban 指出，由于政府预算、竞争强度的加大，财务压力迫使公立医院和非盈利性质医院最终选择低成本或者盈利病人，拒绝高成本或者不盈利病人，以维持可接受的利润水平。

（2）支付方式。随着中国台湾地区全民健康保险制度（NHI）预付制、按病例支付和总额预算的执行，医院财务压力日益加大，这可能会鼓励医院选择有利润的病人而将病情复杂和不能盈利的病人转移到其他医院。Lin 等人针对中国台湾地区医院的调查显示，约有 85% 的被调查者称总额预付加剧了弃置病人情况的发生。Pruitt、Langland-Orban 的研究揭示了按病例支付患者人数和被调查者的推诿患者感知程度之间的正向关系。这一结论和 Weissman 弃置病人与预付制相关的研究结论基本一致。Chen 等人指出，如果医院能够补偿的医疗服务数量有限制，他们可能会挑选并发症少、医疗成本较低的年轻病人。其实证研究也证实总额预付制下台湾地区的儿童和年轻人，尤其是男性患者的住院人数迅速增加。

（3）市场竞争。Schlesinger 等人指出，医院间逐步增大的竞争加重了经济原因的病人转移。Weissman 的研究也支持这一判断，他认为市场竞争的扩散是影响弃置病人规模和强度的三个趋势之一。那些位于竞争更激烈地区的医院倾向于提供更好的服务来吸引或保持财务上具有吸引力的病人，而更高的成本导致医院接收财务没有吸引力病人意愿的下降，美国、中国台湾地区的研究支持上述观点。

1.2.4 总额预付制下的医疗质量

成本控制和医疗质量是健康医疗行业最重要的两个目标。在多数工业化国家，过去几十年政府主导了多次包括旨在降低政府补偿、扩展医疗服务项目以及强化医疗竞争的医疗改革，但依然没有解决成本控制和医疗服务质量之间的平衡问题。

尽管固定价格管制很可能得到有效率的产出，但使得管制者和行业执行者在保证医疗质量和控制成本之间跤力。如果医疗成本控制伴随着糟糕的诊断产出，进而导致患者福利的下降；抑或总额预付制带来的诊断强度的增加并没伴随医疗产出效果的改善，那么医疗资源存在浪费和错配。

理论上，在医疗市场竞争逐步加剧、价格竞争受到管制的背景下，医院为了生存必然选择提高质量以吸引患者。然而，更高的质量需要雇佣更有技巧的专业人士，购买更好的机器或材料以获得技术优势，意味着更高的医疗成本。质量提升伴随着成本增长，因此价格上限管制将导致质量下降，尤其当客户很难鉴别服务质量的水平时，成本与质量之间存在平衡效应。

目前实证研究结论并不一致。Kan 等人指出，总额预付制下，不论是盈利性质还是非盈利性质医院都增加了诊断强度，但并未带来死亡率的下降；额外的医疗供给并未实现医疗质量的提升，医疗资源存在浪费。中国台湾地区、OECD 成员国的经验也表明，总额预付对医疗效率和质量存在负面影响。但是，Leatherman 等人发现，由于存在病情严重程度、调整的病例组合情况以及地理位置之间的差异，成本和质量之间并不存在所谓的平衡效应。

1.3 竞争对医疗供给的影响研究

近年来，中国医疗系统改革成功地提高了医疗服务可及性，扩大了医疗保险覆盖率，然而挑战依然存在，尤其在如何提升医疗质量、降低医疗成本等方面。与多数发达国家引入基于市场、增加客户选择、强化供给者间竞争的医疗改革相似，中国医疗改革也沿着内增活力，外部通过激励私人资本进入增加推力，强化市场竞争的思路展开。

经典的经济学理论认为，在价格固定的竞争市场，提高竞争程度会产生更高的质量。然而，医疗市场的特征使得应用经典理论预测医疗市场竞争有效性的时候面临困难。首先，医疗服务是一个异质性产品，代理人偏好和疾病种类在地区和规模上存在差异。因此，即使是在市场出清均衡状态，任何一家医院的患者都有可能得到异质性的医疗服务，从这个角度来说，医疗市场是一个垄断竞争或寡头竞争的市场，而非经典理论中假设的完全竞争市场。其次，广泛存在的信息不对称可能导致市场失灵。供给方因具有对疾病、诊断和需求的信息优势而处于支配地位，具有价格和产品控制力，同时非充分弹性的需求价格曲线使得医疗供给方能够提高价格或者降低质量而不会失去他们所有的病人，为诱导消费的出现提供了条件，导致更高的医疗价格和不必要的设备使用。进一步地，医疗服务市场和医疗保险市场的逆向选择和道德风险让情况更加恶化。鉴于此，多样化的竞争与医疗产出关系也就不难想象。

竞争是否能在医疗市场起到积极的作用，不论是发达国家还是发展中国家都还没有一致结论。对中国而言，上述问题的答案尤为重要，并决定着医疗改革，尤其是公立医院改革的方向。然而就我们所知，目前并没有系统的研究对竞争和医疗质量关系进行系统的梳理，这正是本节的工作和主要贡献。

1.3.1 竞争对医疗成本和供给数量的影响

1.3.1.1 有关竞争对医疗成本和医疗供给作用的研究

现有研究对竞争强度的测量多采用赫芬达尔-赫希曼指数（Herfindahl-Hirschman Index，HHI），也有部分研究使用交通成本以及医院数量。

一般认为，市场导向的竞争能够降低医疗成本，减少产品和医疗活动数量。但是，竞争也可能导致医疗部门的无效率，促使医院间“医疗军备竞赛”，提高不必要的医疗服务或昂贵的医疗技术或设备的使用，进而推动医疗成本的提高。

同时，一些研究发现竞争和医疗服务价格之间的关系在不同时期呈现不同的状态。Zwanziger、Melnick 利用 20 世纪 80 年代美国加利福尼亚地区个体数据的研究表明，竞争激烈地区的医疗价格更高，但价格增长率相对较低。而 Dranove 等人使用同样的数据却发现，该地区除了 1983 年竞争和价格之间存在正相关关系之外，其他年份两者之间并没有明显相关关系。Fournier、Mitchell 以及 Monica 的研究则发现竞争和医疗价格之间并不存在相关关系。

进一步地，Krabbe-Alkemade 等人将医院竞争分为病人驱动和保险人驱动竞争。在病人驱动竞争系统中，病人或医生选择一家医院治疗，医院通常按服务从医疗保险机构获得补偿。病人驱动竞争对医疗价格、成本和服务量影响的实证研究结论并不一致。早期美国研究表明，病人驱动竞争导致更低的价格和成本，并且市场竞争和价格之间的负相关关系受到需求价格敏感程度的影响。但是，另外一些研究表明，当病人有保险时，他们的需求对价格不敏感，此时医院之间的竞争会加剧资本密集设备的购买，出现“医疗军备竞赛”，导致医疗成本的增加。

买方驱动竞争中保险人选择医疗服务供给方并决定医疗消费支出额。在买方驱动竞争市场中，保险人可能会根据价格、质量要求以及服务水平选择合作医院，限制病人的医院选择。过高的保险人集中度导致垄断，使医院，尤其是竞争市场中的医院只有较低的价格-成本盈余。Propper 等人对英国买方驱动竞争下的价格研究文献进行研究，发现竞争导致那些低成本和可替代性较强的医疗服务价格下降。

进一步地，大量的文献表明，竞争与医疗服务价格及供给之间的关系受到价格管制、诊断方式、信息完备程度等因素的影响。

1.3.1.2 竞争与医疗服务价格及供给的调节变量

（1）价格管制。Ikegami、Campbell 提出，政府干预虽然能够显著控制医疗费用的快速增长，但任何价格上的管制都会引起医疗服务供给方服务量的变化。过高的价格会刺激医院通过提供额外不必要的医疗服务来增加成本；如果价格很低，医院只能通过减少次均治疗的活动数量、在诊断中使用相对便宜的活动、将住院治疗转为日托或者门诊治疗等方式降低成本来维持价格-成本盈余，导致医疗质量下降。同时，当价格是在预算系统中由政府来设置时，由于超过预算得不到补偿，医院将会预测医疗需求并且决定医疗投入。当实际需求超过预测需求时，医院总体投入偏低，势必减少单位产出投入资源，可能导致较低的医疗质量；当实际需求低于预测需求，过多的投入又会导致无效率，诱导消费。

（2）门诊或住院诊断方式。Krabbe-Alkemade 等人利用荷兰医院个体诊断费用数据（Hospital Discharge Data of Diagnosis Treatment Combinations，DBCs）的双重差分（DID）估计表明，市场竞争的引入导致由于单位 DBC 医疗活动的减少，门诊病人的平均费用下降；而住院服务人数增加，住院病人平均成本增加。由于住院服务量和活动数量并没有明显的改变，住院成本的增长可能是由于存在更多昂贵的医疗活动。

（3）信息完备程度。不论是医生降低医疗成本努力程度，还是医疗服务的质量都难以观测，因此消费者很难对医疗质量差异做出反应，导致绝对质量需求弹性很低。对疾病、诊断和需求的信息优势使供给方处于支配地位，对价格和产品具有控制力，同时非充分弹性的需求价格曲线使得医疗供给方能够提高价格或者降低质量而不会失去他们所有的病人，这促使医疗军备竞赛的产生，从而出现诱导消费导致更高的医疗价格和不必要的设备使用。

当医疗信息增加，比如引入医疗服务产品系统（DRG 或者 DBC 等），价格信息噪声下降，同时不同医疗供给者医疗服务的价格差异透明时，医疗服务需求会更有弹性，这会使得医疗服务价格以及价格-成本盈余下降。这意味着，信息越完备，竞争对降低价格的作用越显著。

(4) 医院性质。Lynk 发现竞争导致了盈利性质医院价格下降，非盈利医院价格上升。Liu 等人使用省级固定效应模型发现，增加了盈利性质的医院进入市场，同时伴随着现任普通公立医院门诊和住院支出的降低。

1.3.2 竞争对医疗服务质量的影响

1.3.2.1 医疗质量的测算

很多研究使用死亡率。但 Lilford 等人，Goldstein、Spiegelhalter，Iezzoni 等人则批评了在除 AMI 之外其他死亡风险较低的疾病（例如慢性病）中使用死亡率作为质量指示器的做法。并且，在美国有越来越多的证据表明，单独使用死亡率不能捕捉医院诊断的质量差异。

一些文献使用再入院率指标衡量医疗质量。虽然，再入院率可能是一个较好的衡量医院质量的指标，但一些情况下，较低的诊断质量可能导致死亡而非再入院。因此，Neuman 等人认为使用死亡率和再入院率的复合指标能更好衡量医院质量。实际操作中，一些地方使用指标体系来衡量医疗质量。例如，意大利 Lombardy 地方政府使用出院 30 天内死亡率、违反医嘱出院、额外外科再入院、主要病种出院 12 个月内同病情再入院数、转院等一系列指标来衡量质量。

也有一些研究使用诸如并发症或者指南依从性（guideline adherence）、病人等待时间等来衡量医疗质量。

然而，由于质量产出指标的获取非常困难，且通常有噪声，而过程指标因对医疗质量的差异更敏感，对医疗行为的解释更直接，同时能够作为管理工具来评价和奖励医疗质量，逐渐成为医疗质量研究的重要补充。过程指标的例子包括慢性病患者的平均检测频率，一定时期内治疗诊断率等。

此外，由于医疗市场具有信息不对称特征，患者通常不具有质量指标（诸如并发症或者指南依从性）的足够信息，病人感知质量以及亲戚或朋友的口碑成为患者选择医院或者医生的主要信息来源。因此，相比较供给方角度，病人满意度和前期医疗经验应该对竞争更敏感。鉴于此，近年来病人的感知质量获得了越来越多的关注。

1.3.2.2 竞争对医疗服务影响的实证分析

在经典经济理论中，竞争毫无争议地会提高质量，尤其当价格固定的时候，但医疗市场的结果则明显更为复杂。关于竞争和医疗质量关系的实证分析结论因为研究时期、地理位置、疾病类型、支付方类型，以及质量和竞争测量方法等诸多因素的不同而不一致，需要进一步对其进行细致的讨论。

(1) 竞争促进医疗质量的提高。当医院数量增多时，病人议价能力提升，因此更容易获得更多高质量的医疗服务。很多实证研究也证实竞争和医疗质量之间的正相关关系。这其中以竞争对心血管病人死亡率的研究较为常见。

一些利用其他质量指标的研究也支持竞争与质量间的正向关系。例如，Propper 等人分析了 1991～1996 年英国全民医保系统（NHS）一系列内部竞争措施的影响，发现竞争降低了病人的等待时间。Chen 等人利用调查数据和 2002 年、2004 年中国台湾地区行政数据的研究表明，竞争提高了人际关系水平和感知诊断水平，市场竞争对患者感知质量有直接正向影响。Pan 等人使用中国省级和个人层次数据发现，我国医院间竞争和更低的死亡率、更短的门诊等待时间以及更少的门诊费用显著相关。Michiel 指出，竞争对于产出质量没有作用，但对过程质量有较弱，但是显著的影响。

（2）竞争强度的提升损害医疗质量。有学者认为竞争程度的增加伴随着价格的下降，而医院诊断费用的下降可能伴随着死亡率的提高。

（3）竞争与医疗质量关系不确定。Mutter 等人，Shen 发现竞争与一些质量指标正相关，与另外一些负相关或不相关。其原因可能是因为当面临更激烈竞争时，医院倾向于将资源转移到改善那些容易被顾客观测和理解的环节，造成竞争对质量影响结果的复杂性，某些质量得到改善，而另一些质量甚至恶化。基于美国的研究发现，更高的竞争是带来更低或更高的死亡率，或没有影响，取决于考察的样本时期、地区选择以及医疗部门的不同。

Propper 等人利用英国数据进行研究也发现，使用不同的竞争测算方法（医院合并、撤销管制、竞争者数量、进入者的市场份额）、质量测算方法（病人安全情况、质量指示器、产出数量）、价格不是外生固定而是市场决定的研究结论也不一致。此外，Lien 等人发现竞争和医疗质量（死亡率）之间不存在显著相关关系。

1.3.2.3 竞争与医疗质量关系的调节变量

A 信息完备程度

Berta 等人对 2012 年意大利 Lombardy 地区 126 家医院 194020 名患者的数据分析表明，在公众不能获取医院评级的情况下，医院竞争和医疗质量之间没有关系，非对称信息成为竞争有效工作的障碍。一般认为，更有效的信息来自于更低的搜索成本以及更准确的价格或质量信息。虽然，有证据表明，有效的信息能够帮助医院选择更健康病人、实现严重疾病患者与更高质量的供给者匹配而改善了患者的产出，或者通过增强竞争改善医疗质量，但是，医院质量信息的扩散并不必然改善医院的表现。正因为信息不对称在医疗领域的普遍存在和目前研究结论的不一致，医院、保险计划和医生质量等医疗信息对医疗服务的影响引起了学者们的广泛关注。

一部分研究通过分析美国引入医疗报告卡（report card）探讨了更完美医疗

信息下的医生行为。Castle 等人发现，美国通过引入医疗报告卡，提供了更多的不同供给方医疗服务质量信息，迫使排名落后的医院改变医疗方式，促使高评级医院和医生增加市场份额，导致了医疗质量非常显著的提高。但是，医疗报告卡的引入同样导致医院出现选择病人的行为。Schneider、Epstein 的调查显示，63%的心脏病外科医生表示，由于报告卡的出现，他们只接收更健康的病人。Dranove 等人发现医院可能因为害怕损害他们的评级而不愿意接收那些健康状况糟糕的病人，医疗报告卡使得供给者具有选择病人的动机，促使病人-医院匹配程度的提高，资源利用效率得以提高；但导致患者，尤其是病情严重患者的医疗产出更差，至少短期来看，报告卡降低了患者的福利。关于医疗报告卡的乐观结论可能源自于供给方选择性行为。

另一部分研究则从患者信息获取渠道角度对竞争与医疗产出的关系进行分析。信息不对称情况下，患者倾向选择最近的医院或者基于非正式信息，或者一般基于全科医生的推荐或者邻居的评价选择医院。然而，正如 Moscone 等人强调的那样，邻居信息在选择高质量医院的时候并不是必须的。这些推荐的群体可能会提供医院外观、舒适方便程度的信息，但这些与治疗无关。非正式邻居信息对医疗产出没有影响，甚至可能导致病人出现次优选择。再者，病人可能更多会受到那些具有更多信息的全科医生的影响，但全科医生也多是基于先前经验而并不拥有医院质量的完全信息。这种情况下，高质量的医院可能并不能吸引更多的病人，即便政府增加医院间竞争。

还有一些文献对寡头垄断市场下信息在竞争与质量关系中的影响进行了分析。Dranove、Satterthwaite 指出，假设价格信息准确度保持不变，更精确的质量信息往往会提高均衡质量，但在寡头垄断市场上，质量相关成本（costs of producing quality）的差异决定了更高的信息准确度是否提高质量。如果医院质量成本相似，更充分的信息会增加双方医院的质量。然而，如果成本完全不同，改善的信息会降低双方医院的质量。并且，即使质量提高，更好的信息是否促使病人福利的增加还取决于福利的评估是事前还是事后。

B　制度背景

相比较其他市场，药品市场由于复杂的制度背景，因而对制度特征更加敏感。Berta 等人对影响竞争和医疗质量关系的制度特征进行了归纳，包括：（1）医疗市场供给侧的制度背景。这一因素关系到价格固定医疗市场上的竞争如何实施。在英国等一些国家，这一标准取决于医疗市场表现，另一些国家通过提供病人如何获得最好医疗服务的信息来增强医院竞争，意大利等则通过增大病人选择集合、提供给私人每笔诊断补偿来鼓励医院竞争。（2）病人自由选择的程度。医院间竞争的强度也取决于病人选择就诊医院的自由度。例如，美国等一些市场完全自由，意大利等一些国家则受到限制。

C　医院所有制属性

医疗市场和其他市场的区别在于非盈利和公立供给者的大量存在，使其偏离纯粹的利润最大化目标。理论上，非盈利医院和公立医院因对利润敏感性相对较小，竞争更容易促使质量的提高。Palangkaraya、Yong 分析澳大利亚维州行政数据发现，当用非计划再入院率来衡量的时候，竞争对质量的正向影响的大小取决于医院是公立的还是私立的。由于非盈利企业不能分配因降低质量获得的利润，他们降低质量的动机相对较小。Brekke 等人指出，如果价格受到限制，利润约束将导致严格控制更低的成本，当且仅当企业足够利他时会导致更高的质量。价格竞争环境下，利润限制会降低质量和成本控制，但当且仅当企业足够利他时会导致更低的价格。利润约束了企业的成本控制在最优选择之下，但质量可能过高或过低。如果价格受到管制，利润约束会改善福利，并补充或者代替更高规制价格，取决于医院利他的程度。Malani 等人在假设是利他的，非盈利企业所有者偏好质量的基础上，得到理论上非盈利企业能比盈利企业能提供更高的质量。

但是，实证分析结论并不明朗。虽然非盈利医院比盈利医院的医疗质量更高，但这一结论对制度及研究背景（地区、数据来源和时期）非常敏感。

一些研究则对不同性质养老院的质量差异进行了分析，结论同样不一致。Hillmer 等人，Grabowski、Hirth 的综述论文指出，美国非盈利性质养老院的质量更高。但 Grabowski、Stevenson 发现盈利性质向非盈利性质或相反的转化并没有带来质量的改变。进一步地，Chou 发现，非盈利养老院提供更高的质量仅当居民和供给者之间信息不对称的程度更显著时成立，否则没有质量差异。因此，只有当盈利性质养老院不得不为需求进行有效竞争时，他们才会将质量提高到和非盈利性质一样的水平。

D　价格管制

一般认为，当价格受到管制的时候，竞争能够增加医院质量；而当医院可以同时选择价格和质量时，那么质量均衡取决于价格和质量的需求弹性，如果质量需求弹性很低，价格弹性很高，质量会随着竞争加剧而下降。英国的研究表明，固定价格下，竞争带来质量的提升。

固定价格下更激烈的市场竞争通常导致医院表现的改进。Cooper 采用 DID 方法估计英国 2006 年 NHS 改革前后数据发现，固定价格下竞争更激烈的市场伴随着较低的死亡率。Kessler、Geppert 发现竞争降低 AMI 死亡率，同时导致病情严重病人治疗强度的加大和病情较轻病人治疗强度的下降。Gaynor 等人使用 DID 方法，对于竞争对 AMI 死亡率以及总体死亡率进行研究，发现更激烈的竞争伴随着更好的医院表现。Kessler、McClellan，Tay 也支持上述观点。Gaynor、Town 比较了价格由管制者决定和由市场决定时竞争对医疗质量的影响。在价格由管制者决定的英国、澳大利亚和美国部分 Medicare 项目中的公立医院，竞争导致了更高的质量。相反，当医院可以同时在质量和价格方面竞争时，竞争只有在价格需求无弹性的时候（比如病人由私人医保支付）才会带来质量的提升。

相反，Gowrisankaran、Town 发现，固定价格下竞争的加大增加了死亡率。Shen 的研究也表明，美国 Medicare 较低的补偿率导致死亡率增加，在竞争市场尤为明显。而 Shortell、Hughes，Mukamel 等人发现两者之间不存在显著相关关系。

进一步地，Brekke 等人分析了固定价格医疗市场下竞争对质量的影响，发现竞争和质量之间的关系不明确。Kessler、McClellan 分析了固定价格下 1985 ~ 1994 年美国 Medicare 医院竞争对 AMI 死亡率的影响，发现 20 世纪 80 年代竞争的影响不明朗，但 90 年代激烈的竞争导致更低的死亡率。Bijlsma 等人分析荷兰普通和综合医院 2001 ~ 2004 年面板数据发现，医院间的竞争能够解释过程指标间的差异，但不能解释结果指标间的差异。

如果价格和质量都可以改变，市场产出则取决于质量需求弹性和价格需求弹性的相对规模。Gaynor、Town 用达夫曼-史丹纳理论（Dorfman Steiner condition）的研究表明，在价格可以变动的市场中，质量需求弹性增加或者价格需求弹性下降，质量就会增加。

E　城市规模

Hiroshi Aiura 假设两家处于不同人口规模城市的医院相互竞争，研究发现，按疗程支付方式下，两家医院的等待时间均有所改善，并且改善的程度和医院所在城市人口规模相关。小城市的改善程度高于大城市，这意味着按疗程支付对医疗质量的影响存在地区差异。

自 20 世纪 80 年代部分国家推行总额预付制以解决成本补偿机制导致的医疗费用快速增长问题以来，国外发达国家（地区）30 多年的经验积累为我国总额预付制的推行提供了有益的参考。但这种支付方式对医疗供给行为以及除了成本控制之外的医疗系统表现，不论是理论还是实证认知都非常有限。总额预付制度是激发，还是抑制医疗供给数量；损害，还是独立于医疗质量；提升，还是压缩患者福利，都存在争议，需要进一步深入研究。

进一步研究可以从以下几个方面展开：

（1）发展中国家制度背景，尤其是中国情景下总额预付制市场表现的研究。尽管有很多文献对总额预付市场表现问题进行了研究，但多数研究围绕着发达国家，发展中国家的研究非常少。中国独特的分层医疗系统，覆盖最多人口的医保制度，使得中国经验对于发展中国家和分层医疗体系国家具有很强的借鉴意义。但由于我国新农合总额预付制运行时间尚短，对其市场表现，比如对医疗市场医疗成本、医疗供给以及服务质量的监测和统计很少，为数不多的研究文献也多聚焦成本控制效果，缺乏有深度的机理研究，难以对新农合总额预付制的实施效果和改进方向进行合理判断。

(2) 不同制度背景下总额预付制市场表现的比较。相比较其他市场，药品市场由于复杂的制度背景，因而对制度特征更加敏感。医疗市场供给侧的制度背景、病人自由选择的程度、医院竞争策略以及医疗质量信息开放程度的不同都会造成医疗供给者行为方式的不同。因此，开展不同制度背景的比较，对于理解总额预付制市场表现的内在机理和一般规律具有重要意义。

(3) 评估总额预付市场表现的实证方法的改进。医生行为受到多种因素的影响，文化、制度和支付方式等多种差异使得医疗行为的描述难以一般化。更加困难的是，患者的异质性和潜在的样本自选择使得研究更加复杂和困难。目前多数研究往往采用汇总数据进行描述性分析，通过比较不同年份或者改革前后例均费用的环比、定比变化情况，判断控费是否取得成效。但由于不同种类疾病之间费用支出差别巨大，采用汇总数据将会忽略费用数据内部的层次结构，甚至可能产生聚集性偏倚。而国外研究多采用回归分析和双重差分（DID），这些研究可能因遗漏变量和内生性问题而导致有偏估计。要合理评估总额预付制的市场表现，需要在研究方法上有所改进。

(4) 总额预付下医疗供给行为的跨期选择。时间偏好被认为是经济行为的基本特征，动态模型中的标准效用理论对个体行为具有很强的预测能力。正如Ziliak等人，Keane、Wolpin，Haider、Klerman强调的那样，将动态性纳入状态依存性或前瞻性行为分析框架非常重要，尤其当个体面临时间约束不得不在即时满足和延迟满足之间进行跨期选择的时候。在总额预付制度下，管理者根据历史数据和当年市场判断制定医院的补偿金总额，超支不补。因此，医院需要在时间、预算双重约束下实现自身效用最大化问题，医疗供给行为面临着跨期选择。而就我们所知，目前并没有对医疗行为跨期特征的研究报道。将跨期模型纳入医疗供给行为的研究框架，将有利于进一步了解医疗市场的规律，也是进一步研究的重要方向。

2 总额预付制下的医疗费用水平和结构

本章以新型农村合作医疗（以下简称新农合）为例，在对总额预付制下医疗供给方行为进行理论分析的基础上，利用某三甲医院个体住院数据，采用断点回归法分析儿科、泌尿外科和妇产科住院患者的医疗费用结构及水平情况。

2.1 研究背景

作为世界上参保受益面最广的医疗保险制度，目前我国新农合参合人数接近8亿人，补偿受益人数超过16亿人（次）。新农合基金支出也从2008年的662.3亿元快速增长到2014年的2890.4亿元[1]，年均增幅高达27.9%，远远超过同期农民纯收入、财政收入和GDP增长速度。然而，与墨西哥、越南等国家农村医疗保障体系显著减少了参保人员自付医疗费用相比，我国新农合制度并未能有效降低参合农民的实际医疗支出。

一方面是基金支出的快速增长，另一方面却是参合人员并未下降的自付费用，什么原因导致这看似矛盾的现象存在于新农合制度之中？令人疑惑的现象引起社会的广泛关注，部分学者认为这是因为新农合制度使参合农民长期压抑的医疗需求得以释放的因素；部分学者认为这无疑是由信息不对称引发了过度医疗消费。结论各异，莫衷一是，且缺乏理论层面的机理分析，难以形成一致的判断。因此，寻找、分析我国新农合医疗费用快速增长与自付费用未能下降现象的原因和触发机制对于控制我国新农合医疗费用不合理增长、减轻参合人员医疗负担显得尤为重要。

支付方式能够通过控制医疗成本、分配健康资源、规范医疗行为影响整个医疗运行体系，并对医疗服务的数量、质量和效率产生决定性影响的因素，在医疗保险市场研究中受到越来越多的关注度。我国政府2011年就下文明确表示“医疗保险支付制度改革关乎全局，甚至关系医保制度的成败”。国家卫生计生委、财政部在《关于做好2015年新型农村合作医疗工作的通知》中更明确提出“全面、系统推进按人头付费、按病种付费和总额预付等多种付费方式相结合的复合支付方式改革”。因此，对我国新农合支付方式下医疗供给方行为特征规律进行

---

[1] 依据《中国统计年鉴（2015）》统计资料显示，2014年我国新农合参合人数为7.36亿人，补偿受益人数为16.52亿人（次）。

深入的研究具有非常重要的理论价值和现实意义。

总额预付被视为当前控制医疗费用增长最为有效的方式。盛红旗等人分析潍坊市新型农村合作医疗总额定额付费支付方式改革效果发现，总额定额付费支付方式可以有效控制医疗费用过快增长。薛秦香等人采用倍差法对新型农村合作医疗总额预付制的控费效果进行分析，研究发现总额预付制使次均住院费用、次均住院药品费用分别下降了 155.88 元和 126.31 元，药品费用占比下降了 8.01 个百分点，总额预付制降低了住院费用，优化了住院费用构成，但受益程度因病种不同而不同。但总额预付制下医院存在拒绝接受重症患者的动机，从而使得均衡具有“撇脂”（cream skimming）的基本特征。

马梦雷等人通过对乌鲁木齐市地区新型农村合作医疗定点医疗机构实施按病种付费前后住院患者费用数据的对比分析表明，按病种付费有效控制了住院总费用的不合理上涨，药品费用是影响住院费用的主要因素，控制药品费比例成为控制住院费用的有效途径。陈瑶、罗奎、李婷婷等人的研究也证实按病种付费方式可以在一定程度上控制医疗费用的不合理增长，起到规范医疗机构行为的作用。赵峰等人通过对陕西省旬邑县的研究发现，单病种定额付费下的住院总费用要显著低于非单病种住院总费用，但新农合单病种定额付费覆盖人次比在逐年下降。刘德明等人分析了我国西北地区某省会城市下辖农业县的一家二级甲等综合医院资料，认为按病种床日付费方式在一定程度上起到引导试点医院降低平均住院天数和次均费用的作用。

按人头付费（capitation）可以激励医疗机构提供降低服务成本、避免不必要的医疗服务，同时引导医疗服务方更加关注医疗教育和疾病预防，以居民重大疾病风险的降低实现医疗成本的下降；并且提升社区医疗服务和分级诊断，实现医疗资源的合理分配。但是，按人头付费可能导致医疗供给方减少必要的医疗服务，增加患者的住院次数，同时对病人撇脂（cream-skimming）。Chen 等人通过对常德 5000 名城镇医保住院病人进行回归分析，发现按人头付费（capitation）使得住院患者自付费用降低了 19.7%，自费比例下降了 9.5%，住院天数下降 17.7%，但住院总费用、药品费用比例、治疗效果以及患者满意度与按服务付费支付方式相比没有明显改善。崔欣等人对浦东新区 35 万参合农民的分析表明，对于控制住院费用的过快增长有一定作用，其中以镇级机构效果最为明显。陆方文的研究支出，常德的按人头付费及其配套政策减轻了患者的经济负担、缩短了住院时间，但是并未降低总医疗费用，同时也没有降低患者的满意度。Sun 等人和 Jing 等人的研究均表明，按人头付费实行初期显著降低了新农合医疗住院总费用，并提高了医生控制意识，一定程度降低了病人的医疗负担，但控费效果不持续，参合农民总体效用和医疗福利并未提高。

从目前新农合研究现状来看，国内多数学者对支付方式改革控费效果的评价往往采用汇总数据进行描述性分析，通过比较不同年份或者改革前后例均费用的环比、定比变化情况判断控费是否取得成效。但由于不同种类疾病之间费用支出差别巨大，采用汇总数据将会忽略费用数据内部的层次结构，甚至可能产生聚集性偏倚。而国外研究多采用双重差分（DID），将另一支付方式作为控制组进行分析。双重差分法能够部分控制不同支付方式共同的医疗费用变化趋势，从而剥离某种支付方式的影响。但医疗费用的产生是一个非常复杂的过程，不同支付模式下的医疗供给方和医疗服务需求方是否存在异质性值得商榷和进一步验证。

实际上，支付方式改革的目标能否实现，取决于它能否改变医疗服务提供者的行为，医生行为变量是支付方式与医疗服务的费用、质量、适宜性之间的中间变量，也是最关键的变量。然而，医生行为受到多种因素的影响，文化、制度和支付方式等多种差异使得医疗行为的描述难以一般化。更加困难的是，患者的异质性和潜在的样本自选择使得研究更加复杂和困难。正因如此，透过不同支付模式下医疗服务供给主体行为的变化考察供给者诱导需求因素对新农合制度福利效果的影响，目前既没有比较系统的理论阐述，也没有比较可信的实证分析。

本章利用江西省某三甲医院住院数据，采取断点回归法对新农合制度下参合农民医疗负担的变化进行分析，探究总额预付制度下的医疗费用水平变化，为我国新农合支付方式改革提供参考和依据。

2.2　总额预付下医疗供给方行为的理论分析——以新农合为例

目前，我国新农合住院费用采取多种支付方式，其中最为常见的是总额预付和次均住院费用限额。每年年初新农合管理办公室根据历史数据下达各定点医院住院费用限额和人均住院标准（B_1）；医院依据标准在科室之间进行分解，制定各科室次均住院费用限额（B_2），对科室执行情况进行定期监控及奖惩（B_3），并定期将住院患者医疗费用清单上报新农合管理办公室（B_4），由新农合管理办公室审核后，财政部分下拨住院补偿费用（B_5）。

我国新农合住院流程及支付方式如图 2.1 所示。

新农合定点医院在接收患者后，根据患者病情进行诊断，确定治疗方案，包括药品、检查费用以及住院天数等。这一过程中，定点医院为了保证次均住院费用达标，除了制定各科室次均住院费用，还会出台相应的管理办法。例如，科室当月病人次均费用高于标准的，高出部分不计提科室收入；当月住院病人次均费用低于（或高于）控制标准的，根据情况按一定比例奖励（或扣罚）科室当月奖金；对全年费用水平低于控费标准的科室，年终给予奖励。

2.2.1　总额预付制对医疗费用水平的影响机制

在这种机制下，各科室收益函数为：

$$\max U(N,E) = N[E + k(L - E)] \qquad (k\text{ 为常数，且 } 0 \leqslant k \leqslant 1)$$

式中 U——科室收益，受看病人数和实际次均住院费用的影响；

N——住院人数；

E——实际次均住院费用；

k——奖励惩罚比例；

L——次均住院费用限额。

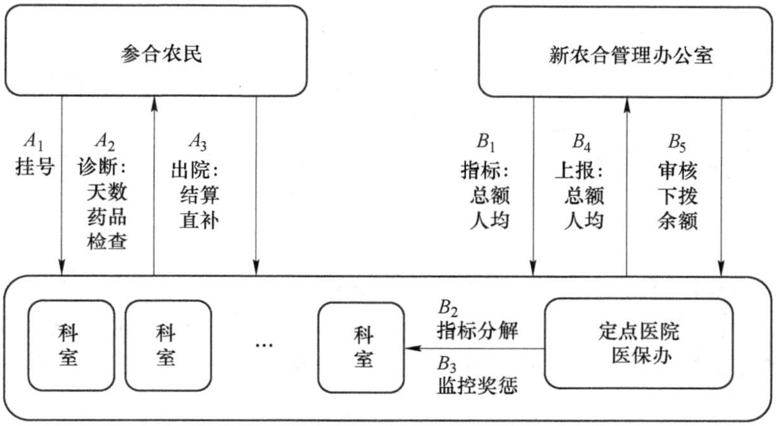

图 2.1 我国新农合住院流程及支付方式

进一步梳理，可以得到：

$$\max U(N,E) = \begin{cases} NL, \text{ 当 } E = L \text{ 时} \\ N[E + k(L - E)], \text{ 当 } E < L \text{ 时} \\ N[L - k(E - L)], \text{ 当 } E > L \text{ 时} \end{cases}$$

不难发现，当实际次均费用小于规定次均费用，即 $E<L$ 时，科室收入是住院人数、实际次均费用的增函数，即 $U'(N)>0$，$U'(E)>0$，$U'(F)>0$。同样，当实际次均费用大于规定次均费用，即 $E>L$ 时，科室收入是实际次均费用的减函数，即 $U'(E)<0$。

各科室收益如图 2.2 所示。

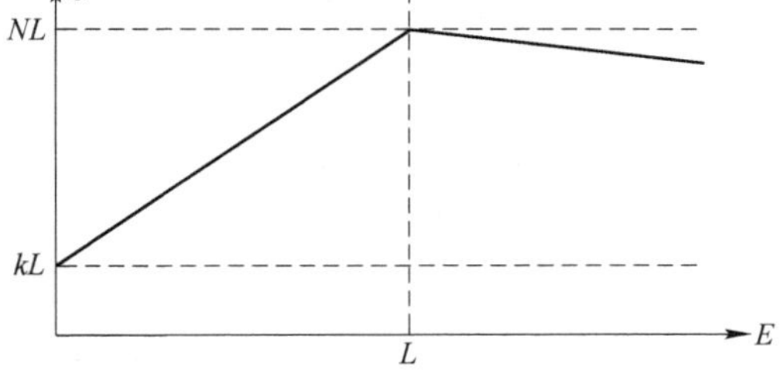

图 2.2 科室收益示意图

由此可见，在总额预付和次均住院费用限额的支付制度下，当科室次均住院费用高于标准限额时，科室收益将下降，因此，科室有动机降低患者住院费用，使得实际住院费用小于或者等于次均费用限额。

具体来看，假设科室真实成本为 c，h 为次均住院费用限额。如果 $c>h$，那么除非有非常强的目标约束，否则科室没有任何动机降低住院费用。因此，最后观察到的住院费用为 $p=c(1+r)>h$，其中 r 是市场正常利润率。另一种情况，如果 $c<h$，不妨假设 $c=h-1$。这种情况下住院费用为 $p=c(1+r)>h$，那么，科室有动机降低患者住院费用，使得实际住院费用小于或者等于次均费用限额。这样，有可能导致医院实际住院费用在次均费用限额的位置出现断点，即断点左边的住院费用低于断点右边的住院费用。

进一步地，如果考虑住院天数，假设实际住院费用等于日平均费用（e）乘以住院天数（$days$），即

$$E = e \cdot days$$

那么，当实际次均费用小于规定次均费用时，$U'(E)>0$，由此 $U'(e)>0$，$U'(days)>0$，即可以通过提高日平均住院费用，或者提高住院天数来增加收益；当科室实际次均住院费用大于规定次均限额时有 $U'(E)<0$，则科室可以通过减少日实际次均费用，或减少住院天数来实现实际次均费用的下降。

2.2.2　总额预付制对医疗供给结构的影响机理

新农合次均费用限额总额预付制采取限定医院的年度补偿总额以及次均补偿费用上限，从形式上属于补偿额限额的总额预付制[1]。那么，在次均补偿费用和补偿总额双重约束下，具有优势信息的供给方是否存在诱导消费行为？这种行为呈现怎么样的特征？此部分研究通过构建医院收益函数的基础，运用数理推导提出新农合总额预付制下供给诱导需求的可能表现形式，并进行实证验证。

假设有两种医疗服务 S_1、S_2；价格分别为 P_1、P_2；消费数量分别为 Q_1、Q_2；补偿率分别为 r_1、r_2；利润率分别为 t_1，t_2；单次诊断补偿额上限为 B，则：

医院收益函数为：

$$U(Q_1, Q_2) = t_1 P_1 Q_1 + t_2 P_2 Q_2$$
$$\text{s. t. } r_1 P_1 Q_1 + r_2 P_2 Q_2 \leqslant B$$

在约束下：

$$Q_1 \leqslant \frac{B - r_2 P_2 Q_2}{r_1 P_1}$$

---

[1] 一般而言，有三种强化机制来保证总额预算目标的实现，分别是价格限制、补偿额限制、供给方预算限制。

代入效用函数

$$
\begin{aligned}
U(Q_1,Q_2) &= t_1P_1Q_1 + t_2P_2Q_2 = t_1P_1\frac{B - r_2P_2Q_2}{r_1P_1} + t_2P_2Q_2 \\
&= t_1\frac{B - r_2P_2Q_2}{r_1} + t_2P_2Q_2 = t_1\frac{B}{r_1} - t_1\frac{r_2}{r_1}P_2Q_2 + t_2P_2Q_2 \\
&= \frac{t_1B}{r_1} + \left(t_2 - t_1\frac{r_2}{r_1}\right)P_2Q_2
\end{aligned}
$$

对效用函数求导，即：

$$U'(Q_2) = \left(t_2 - \frac{r_2}{r_1}t_1\right)P_2$$

同理：

$$U(Q_1) = \frac{t_1B}{r_1} + \left(t_2 - t_1\frac{r_2}{r_1}\right)P_2Q_2$$

$$U'(Q_1) = \left(t_1 - \frac{r_1}{t_2}t_2\right)P_1$$

以医疗服务 S_1 为例，效用函数一阶倒数 $U'(Q_1)$ 的符号取决于 $t_1 - \frac{r_1}{r_2}t_2$，即 $U'(Q_1)$ 的符号取决于利润比$\frac{t_1}{t_2}$和补偿比$\frac{r_1}{r_2}$的大小。

存在以下几种情况：

（1）$t_1 \geqslant t_2$ 且 $r_1 \geqslant r_2$ 时，医院医疗服务 S_1 的效用不确定，需要进一步判断利润比$\frac{t_1}{t_2}$和补偿比$\frac{r_1}{r_2}$的大小。当利润比大于补偿比时，医院收益随着 S_1 供给量的增加而增加；反之则收益随着 S_1 供给量的增加而减少。

（2）$t_1 \geqslant t_2$ 且 $r_1 \leqslant r_2$ 时，即利润比$\frac{t_1}{t_2}$大于补偿比$\frac{r_1}{r_2}$，医院收益 $U(Q_1)$ 是服务 S_1 供给量 Q_1 的单调递增函数。此时，医院收益随着 S_1 供给量的增加而增加。

（3）$t_1 \leqslant t_2$ 且 $r_1 \geqslant r_2$ 时，即利润比$\frac{t_1}{t_2}$小于补偿比$\frac{r_1}{r_2}$，医院收益 $U(Q_1)$ 是服务 S_1 供给量 Q_1 的单调递减函数。此时，医院收益随着 S_1 供给量的增加而减少。

（4）$t_1 \leqslant t_2$ 且 $r_1 \leqslant r_2$ 时，医院医疗服务 S_2 的效用不确定，需要进一步判断利润比$\frac{t_1}{t_2}$和补偿比$\frac{r_1}{r_2}$的大小。当利润比大于补偿比时，医院收益随着 S_2 供给量的增加而增加；反之则收益随着 S_2 供给量的增加而减少。

（5）当 $r_1 = r_2$ 时，即两种服务的补偿率相等时，如果 $t_1 \geqslant t_2$，则 S_1 效用函数是供应量的单调递增函数，这意味着，当服务的补偿率相等时，供给者会加大利润率较高的医疗服务供给、减少利润率较低的医疗服务供给，以获得更高的收益。

（6）当 $t_1 = t_2$ 时，即两种服务利润率相等时，如果 $r_1 \geqslant r_2$，则 S_1 效用函数是供应量的单调递减函数。这说明，当服务的利润率相等时，供给者会减少补偿率较高的医疗服务供给、增加补偿率较低的医疗服务供给，以获得更高的收益。

这就意味着，在补偿额上限的总额预付制下，追求利润的医疗供给方可能存在以下行为：

（1）选择利润率较高的服务和患者。补偿额上限总额预付制下供给者会加大利润率较高的医疗服务供给、减少利润率较低的医疗服务供给。这与Shigeokaa、Fushimi关于预付制后医院增加相对利润更高的新生儿加强服务（NICU），Long、Marquis提出的补偿额限制方案可能导致供给方选择较为健康病人的行为，Chen等人得到的总额预付制下儿童和年轻人，尤其是男性患者的住院人数迅速增加的研究结论不谋而合。

（2）转移医疗成本。补偿额上限总额预付制下医院存在将医疗费用供给者减少补偿率较高的医疗服务供给、增加补偿率较低的医疗服务供给。一些研究也证实了这一判断。Simpson等人对美国1997年平衡预算法案门诊康复服务年度限额政策的市场效应进行了分析，结果表明，门诊康复服务年度限额可能使服务供给的结构发生变化。平衡预算法案上限管制降低了B类账单支付中超支患者比例，但对于其他支付部分的效果不明显。康复服务账单可能从受到管制的B类账单转移到未受到管制的设施设备使用账单。

本章利用2015年江西省某新农合定点三甲医院的患者个体直报数据，采取断点回归设计（RDD）实证方法估计供给诱导需求行为。由于数据结构限制，本章仅对新农合制度下的医疗成本结构转移现象进行验证。

2.3 基于断点回归的医疗供给方行为实证分析

断点回归（regression discontinuity）被认为是在随机实验不可得的情况下，能够有效利用现实约束，避免参数估计的内生性问题，从而真实反映变量间因果关系的准随机实验实证方法。断点回归法由最早Thistlethwaite、Campbell提出，其基本思想为当可观测的连续特征变量（forcing variable）达到某一阈值后，经济个体因受到处理（treatment）导致因变量的非连续变动，表现出跳跃性分布，就说明存在处理效应（treatment effect），并将这一阈值称为断点（cut off）。因只将断点附近的样本作为观察对象，连续特征变量的非连续变动被认为仅是源于处理的冲击。近年来，RDD 已经成为经济学、政治经济学、教育学以及其他社会行为科学常见的准实验实证研究方法。van der Klaauw，Imbens、Lemieux，Lee、Lemieux 以及余静文、王春超等学者对其进行了较为详细的综述。近三年来，国内学者开始逐步应用断点回归评估政策干预效果。

根据断点回归设计的基本思想，断点两侧的样本区间越小，样本间系统差异越小，就越能分离出处理冲击的“净影响”。但是，如果断点两侧的样本区间过小又可能造成样本量太少而无法得到有效估计。因此，断点回归的关键是样本区间，即页宽的选择。目前，较为常见的最优带宽估算方法有 Porter 提出的局部多项式最优估法，Ludwig、Miller 提出的 CV 法，Lee、Card 的离散运行变量推理法，Imbens、Kalyanaraman 提出的局部线性估计 IK 法，Frandsen、Frölich、Melly 提出的分位数处理法，Otsu、Xu、Matsushita 提出的经验似然法和 Calonico、Cattaneo、Titiunik 提出的 CCT 法。

如上所述，在总额预付和次均住院费用限额的机制下，新农合定点医疗机构具有通过改变住院天数和日均住院费用实现向次均住院费用限额靠近的动机。因此，可以通过观察医疗供给方的行为变化来判断支付方式的控费成效及其对参合农民医疗负担的影响。但遗憾的是，医疗行为受到非常多因素的影响，加上患者病情、医疗结构、所在地区均存在异质性，因此通过普通 OLS 分析有可能存在遗漏变量和内生性问题。

近年来，在识别因果效应的计量方法中，断点回归法（regression discontinuity）被广泛应用。RD 基本思想是当政策规则的非连续特征使得某个可观测的连续变量出现非连续变动，即连续变量的分布出现间断点时，就说明存在处理效应。由于断点两侧样本之间的系统差异小，因此断点的出现仅源于政策的冲击。在随机实验不可得的情况下，RD 能够避免遗漏变量和参数估计的内生性问题，从而真实反映出变量之间的因果关系。

那么，新农合总额预付和次均住院费用限额的支付方式会不会造成住院费用出现断点？下面将对断点的存在性进行理论分析和实证验证。

2.3.1　儿科住院患者实证

2.3.1.1　数据来源与统计性描述

数据来源：江西省某地级市一家新农合定点医院儿科住院患者医疗数据，时间跨度为 2015 年整年，住院患者共计 2651 人，分布在样本市 22 个地区，360 种诊断结论，2653 条住院数据。主要变量包括患者姓名、住院 ID 号、所属地区、诊断结果、住院总费用、药品费用、基本药品费用、补偿比例、补偿日期等。

变量统计性描述见表 2.1。

表 2.1　主要变量统计性描述　　（元）

变　量	样本数	平均值	方差	最小值	最大值
住院总费用	2653	4049	2347	251	36679
自付费用	2653	2545	1337	160	20010
医疗费用	2653	2444	1404	154	19370
药品费用	2653	1605	1256	0	17310
基本药品费用	2653	483	391	0	3844
目录外药品费用	2653	324	608	0	16646
住院天数	2653	6	3	1	31

表 2.1 中列出样本医院规定次均住院费用与实际可报住院费用的对比分析图。2015 年样本医院规定次均住院费用为 4121 元，而实际平均可报费用为 4049 元，两者相差仅为 72 元，结余比例 1.75%。从直观上来看，样本医院儿科控费效果非常好。

2.3.1.2　住院费用的断点回归分析

在新农合支付方式下，医疗服务机构有动机并且可以通过住院天数和药品、非药品费用影响次均住院费用。本节选取住院总费用作为因变量，通过观测药品费用、基本药品费用、目录外药品费用、住院天数以及自付费用的变化情况分析新农合次均报销限额对定点医院医生行为及参合农民医疗支出的影响。

图形检测和分析在 RD 设计的描述和验证中扮演着非常重要的角色。本节使用由 Calonico、Cattaneo、Titiunik 设计的使用均匀间隔和分位间隔数据，用分级采样方法描绘出潜在的回归函数（集成均值方误差 integrated mean-square error [IMSE] -optimal selectors），采用分级采样模仿数据变化的散点图构造方法利用 stata13 的 rdplot 命令绘制散点图。

在医院进行访谈的过程中，课题组了解到，通常医院科室会在规定次均住院费用达到前提前进行费用控制，且不同阶段采取不同的措施。2015 年样本医院儿科规定次均住院费用为 4121 元，为防止次均住院费用超支，儿科在 3600 元左右提前对患者的医疗费用控制。

图 2.3 所示为药品费用（纵轴）与住院总费用（横轴）散点图。为了便于观察，在断点左右各设置 10 个观察点。总体来看，两者呈现较强的正相关性，随着药品费用的增长，住院费用随之提高。在横轴住院费用等于 3600 元处，药品费用存在一个断点。从曲线位置来看，断点左侧药品费用低于右侧水平。这与分析结论一致。在当患者住院费用略高于标准限额时，医疗服务机构降低了患者的药品费用。

在散点图基础上，将样本区间调整为断点前后 1000 元，即 2600 ~ 4600 元，

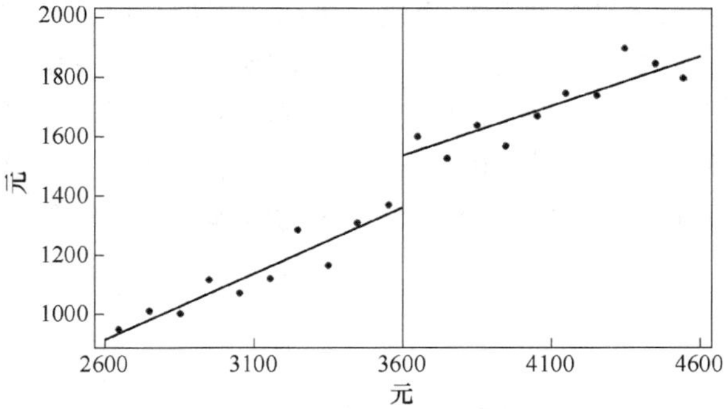

图 2.3　药品费用（纵轴）与住院总费用（横轴）散点图

并利用 RD 回归法对断点进行验证。目前，RD 回归中一般使用局部多项式估计来构建干预效果的置信区间，然而在运用中，这些置信区间的性能的表现往往受到他们对带宽敏感度的影响。Calonico、Cattaneo、Titiunik 通过使用一个新的标准误差估计构建了一个偏压校正 RD 设计，提出了一个稳健的置信区间估计方法。本节使用 Calonico 等人设计的 rdrobust 命令对断点的存在性进行分析。

RD 估计结果见表 2.2。由表 2.2 的 RD 估计结果可知，药品费用在住院总费用等于 3600 元的位置存在断点，并且在三种最优带宽选择方案下都通过了 5% 的显著性水平检验。次均住院费用限额使得患者的药品费用总额减少 165 元左右。如果以断点右侧拟合直线交点 1530 元来计算，下降幅度为 10.8% 左右。

从药品费用构成来看，包括基本药品费用和目录外药品费用等。在断点前后，它们的变化具有的特征如图 2.4 所示。

表 2.2　药品费用 RD 稳健估计结果

断点 c=3600		左侧样本数 c	右侧样本数 c	样本数	1304	
观测样本数	CCT	225	219	临近匹配	3	
	IK	681	543			
	CV	725	577			
局部多项式阶数（p）		2	2	核函数类型	三角核函数	
偏差阶数（q）		3	3			
带宽类型[1]	系数	标准差	z	$P>z$	[95% 置信区间]	
CCT	159.48	87.258	1.8277	0.068	-11.5385	330.505
IK	167.05	57.479	2.9063	0.004	54.3955	279.707
CV	167.28	55.786	2.9986	0.003	57.939	276.617

[1] CCT、IK 和 CV 分别是由 Calonico、Cattaneo、Titiunik，Imbens、Kalyanaraman 和 Ludwig、Miller 提出的最优带宽估算方法。

图 2.4 所示为基本药品费用、目录外药品费用和其他药品费用与住院总费用的散点图。粗略来看基本药品费用在横轴住院费用等于 3600 元处断点特征不明显，目录外药品费用和其他药品费用在该处则存在明显断点。从曲线位置来看，目录外药品费用和其他药品费用的断点左侧均低于右侧水平。这就意味着，当患者住院费用略高于标准限额时，医疗服务机构将降低患者的目录外药品费用和其他药品费用。

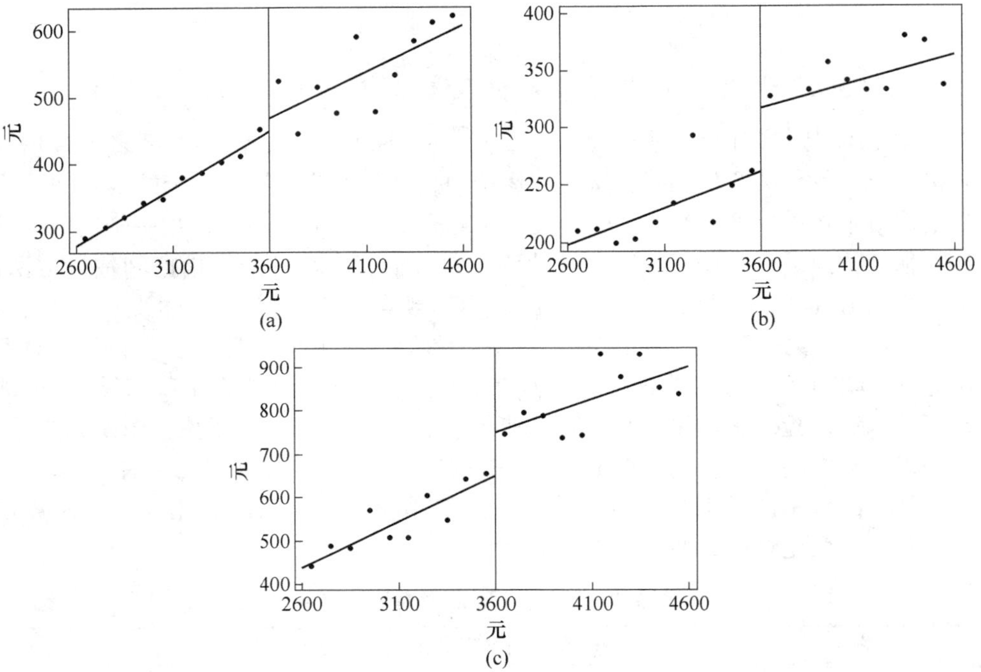

图 2.4　基本药品费用（a）、目录外药品费用（b）、其他药品费用（c）与住院总费用（横轴）散点图

进一步的 RD 稳健估计也证实了散点图观测结论。由表 2.3 估计结果可知，基本药品费用在住院总费用等于 3600 元的位置的断点不显著，在三种最优带宽选择方案下都未通过显著性水平检验。而目录外药品费用和其他药品费用在住院费用等于 3600 元的位置存在断点，且通过了 10% 的显著性水平检验。

总体来看，次均住院费用限额使得患者的目录外药品费用减少 48 元左右。如果以断点右侧拟合直线交点 317 元来计算，目录外药品费用下降幅度为 15.1% 左右。同理，其他药品费用减少 93 元左右，以断点右侧拟合直线交点 750 元计算，其他药品费用下降幅度为 12.4% 左右。

表 2.3　基本药品费用、目录外药品和其他药品费用 RD 稳健估计结果

断点 $c=3600$			左侧样本数 c	右侧样本数 c	样本数	1304	
观测样本数		CCT	268	259	临近匹配	3	
		IK	480	414			
		CV	725	577			
局部多项式阶数（p）			2	2	核函数类型	三角核函数	
偏差阶数（q）			3	3			
带宽类型		系数	标准差	z	$P>z$	[95% 置信区间]	
基本药品费用	CCT	34.524	55.93	0.6173	0.537	−75.0964	144.144
	IK	35.974	41.563	0.8655	0.387	−45.4893	117.436
	CV	30.909	33.766	0.9154	0.360	−35.2718	97.0899
目录外药品费用	CCT	52.453	27.539	1.9047	0.057	−1.52282	106.428
	IK	49.58	25.617	1.9354	0.053	−0.628639	99.7887
	CV	43.11	17.563	2.4546	0.014	8.68725	77.532
其他药品费用	CCT	92.145	63.276	1.4562	0.145	−31.8749	216.164
	IK	98.836	56.02	1.7643	0.078	−10.9617	208.634
	CV	86.665	42.593	2.0347	0.042	3.18516	170.145

不难发现，次均费用限额使得样本医院儿科住院药品费用得以下降。那么除药品外，其他医疗费用的变化具有怎样的特点？将患者住院费用减去药品费用得到其他医疗费用，并进一步通过散点图和 RD 回归分析次均费用限额对医疗服务机构行为的影响。

图 2.5(a) 所示为其他医疗费用与住院总费用的散点图。不难发现，其他医疗费用在住院费用等于 3600 元处存在明显断点。从曲线位置来看，其他医疗费

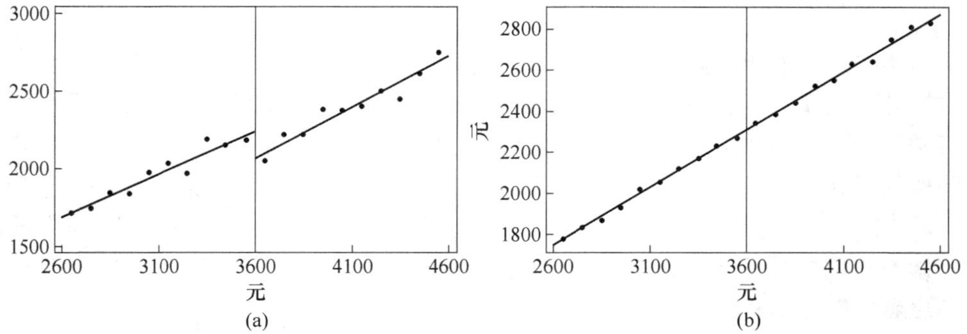

图 2.5　其他医疗费用（a）、自付费用（b）与住院总费用（横轴）散点图

用的断点左侧均高于右侧水平。这就意味着，在当患者住院费用略高于标准限额时，医疗服务机构将提高患者的其他医疗费用。

由表 2.4 的 RD 稳健估计结果可知，其他医疗费用在住院费用等于 3600 元的位置存在断点，且通过了 10% 的显著性水平检验。总体来看，次均住院费用限额使得患者的目录外药品费用减少 165 元左右。如果以断点右侧拟合直线交点 2060 元来计算，其他医疗费用提高幅度为 8% 左右。

表 2.4　其他医疗费用与自付费用 RD 稳健估计结果

断点 c=3600			左侧样本数 c	右侧样本数 c	样本数	1304	
观测样本数	CCT		225	219	临近匹配	3	
	IK		681	544			
	CV		725	577			
局部多项式阶数（p）			2	2	核函数类型	三角核函数	
偏差阶数（q）			3	3			
带宽类型		系数	标准差	z	$P>z$	[95% 置信区间]	
其他医疗费用	CCT	−159.48	87.252	−1.8278	0.068	−37.476	129.504
	IK	−167.05	57.471	−2.9067	0.004	−279.694	−54.4109
	CV	−167.28	55.784	−2.9987	0.003	−276.613	−57.9428
自付费用	CCT	14.304	28.001	0.5108	0.609	−40.5776	69.1862
	IK	8.6149	21.847	0.3943	0.693	−34.2038	51.4336
	CV	5.2241	16.598	0.3148	0.753	−27.3067	37.755

图 2.5（b）和表 2.4 分别显示了样本医院儿科新农合住院病人自付费用的散点图和 RD 稳健回归结果。令人惊讶的是，自付费用不存在任何断点，次均费用限额并没有明显降低儿科住院患者的医疗负担。

2.3.1.3　结论性述评

本节使用断点回归方法，利用江西省某地级市样本医院 2015 年新农合参合农民儿科住院数据，对新农合总额预付制度下次均费用限额支付方式导致的医疗机构行为及其对参合农民医疗负担的影响进行了分析，结果表明，采用次均费用限额使得儿科住院患者目录外药品费用下降 15.1%，非基本药品目录外药品费用下降 12.4%，总体药品费用下降 10.8% 左右。但与此同时，儿科住院病人的医疗诊断费用提高了 8% 左右。总体来看，次均费用限额并没有明显地降低儿科住院患者的医疗负担。

支付方式改革的目标能否实现，取决于它能否改变医疗服务提供者的行为。目前来看，新农合次均费用限额支付方式有助于降低参合农民的药品费用，但同时增加了检查诊断等医疗费用，参合农民的医疗负担并没有明显降低。新农合支付方式进一步改革应着重加强对非药品费用的监管和约束。

（1）长期来看，逐步改革医务人员薪酬体系，重构收益函数，使医务人员薪酬与医院的药品、耗材、检查、化验等业务收入脱钩，从根源上消除医疗服务提供方诱导消费的动机。

（2）尽快建立医疗诊断跟踪信息系统，实现定点医院医疗费用排序和信息公开。将医疗结构检查和化验收入占医疗收入比重，卫生材料收入占医疗收入比重，挂号、诊察、床位、治疗、手术和护理收入总和占医疗收入比重纳入监测范围，并按不同地区、不同类型、不同科室对医疗机构的各项医疗费用进行排序，定期公示排序结果，加强信息公开和社会监督。

2.3.2 泌尿外科断点回归的证据

泌尿外科断点回归的样本统计性描述见表2.5。

表2.5 样本统计性描述 （元）

变　量	样本量	均值	标准差	最小值	最大值
住院费用	2231	15882.8	10937.1	353.1	200951.3
药品费用	2231	5474.9	4482.0	0.0	86524.6
基本药品费用	2231	1577.1	1589.7	0.0	31438.7
目录外药品费用	2231	1512.2	1536.0	0.0	34209.3
非药品费用	2231	10407.9	6836.1	156.0	114426.8
可报费用	2231	12500.0	8424.7	284.6	153415.9
实际报销费用	2231	6451.6	4602.0	41.8	79551.8
自付费用	2231	9431.2	6471.6	210.8	121399.5
住院时间/天	2231	12.9	7.3	1.0	56.0

2015年样本医院泌尿外科平均住院费用15882.8元，其中药品费用5474.9元，占住院费用比例为34.47%；非药品费用10407.9元，占比为65.53%；可报销费用12500.0元，占住院总费用比例为78.7%；实际报销费用6451.6元，占比为40.62%；平均住院时间12.9天；自付费用9431.2元，占比为59.38%。与医院下达的规定次均费用14520元相比，泌尿外科实际次均住院费高于标准9.4%左右。

图2.6所示为泌尿外科药品费用与住院费用散点图。粗略来看，在住院费用等于13500元处，药品费用分布存在一个断点，断点左侧药品费用明显低于右侧水平，这与理论分析的假设一致。考虑到泌尿外科规定次均费用为14520元，意味着医院提前对药品费用进行了控制。

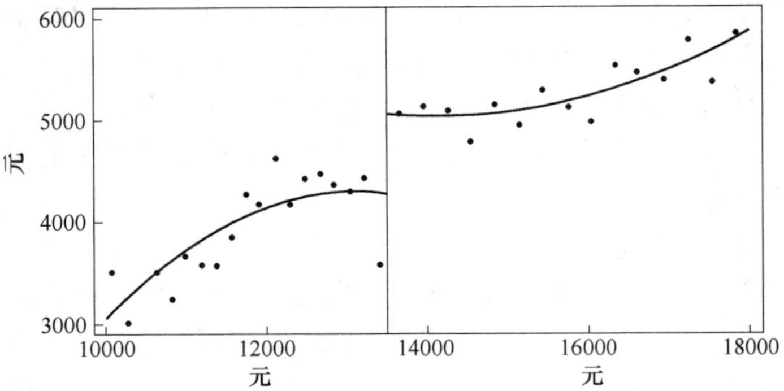

图 2.6 泌尿外科药品费用（纵轴）与住院总费用（横轴）散点图

在散点图基础上进一步利用 RD 回归法对断点进行验证。RD 估计结果见表 2.6。

表 2.6 RD 稳健估计结果

断点 $c=13500$			左侧样本数 c	右侧样本数 c	样本数	653	
观测样本数		CCT	113	114	临近匹配	3	
		IK	196	195			
		CV	255	282			
局部多项式阶数（p）			2	2	核函数类型	三角核函数	
偏差阶数（q）			3	3			
带宽类型[1]		系数	标准差	z	$P>z$	[95% 置信区间]	
药品费用	CCT	1441.9	510.07	2.8269	0.005	442.208	2441.65
	IK	1440.7	418.01	3.4465	0.001	621.405	2259.99
	CV	1206.2	356.7	3.3816	0.001	507.108	1905.34
基本药品费用	CCT	196.62	400.15	0.4914	0.623	−587.658	980.903
	IK	432.17	313.8	1.3772	0.168	−182.867	1047.2
	CV	192.23	254.94	0.7540	0.451	−307.455	691.905
目录外药品费	CCT	564.95	286.36	1.9729	0.049	3.69079	1126.2
	IK	419.35	237.26	1.7675	0.077	−45.6727	884.38
	CV	258	206.66	1.2484	0.212	−147.042	663.05
其他药品费用	CCT	605.91	468.66	1.2929	0.196	−312.638	1524.46
	IK	707.41	327.03	2.1631	0.031	66.4459	1348.36
	CV	701.28	321.14	2.1837	0.029	71.8574	1330.71

[1] CCT、IK 和 CV 分别是由 Calonico、Cattaneo、Titiunik，Imbens、Kalyanaraman 和 Ludwig、Miller 提出的最优带宽估算方法。

续表 2.6

带宽类型		系数	标准差	z	P>z	[95% 置信区间]	
非药品费用	CCT	-1441.9	509.5	-2.8300	0.005	-2440.48	-443.274
	IK	-1435.3	416.12	-3.4493	0.001	-2250.9	-619.748
	CV	-1206.2	356.72	-3.3815	0.001	-1905.37	-507.073
住院时间	CCT	2.3866	2.771	0.8613	0.389	-3.0444	7.81762
	IK	2.0902	1.6974	1.2314	0.218	-1.23667	5.41704
	CV	1.1836	1.4122	0.8381	0.402	-1.58425	3.95141
自付费用	CCT	231.78	188.75	1.2280	0.219	-138.165	601.725
	IK	59.772	169.12	0.3534	0.724	-271.69	391.234
	CV	15.426	157.92	0.0977	0.922	-294.098	324.95

由表 2.6 估计结果可知，药品费用在住院总费用等于 13500 元的位置存在断点，并且在 CCT、IK 和 CV 三种最优带宽选择方案下均通过了 1% 的显著性水平检验。泌尿外科控费使得患者的药品费用总额平均减少 1363 元左右。如果以断点右侧拟合直线交点 5000 元来计算，药品费用下降了 27% 左右。

那么，医院是通过哪些手段降低药品费用？根据采集的数据结构，将药品费用分为基本药品费用、目录外药品费用和其他药品费用，且：

药品费用=基本药品费用+目录外药品费用+其他药品费用

从图 2.7 可以粗略看出，除了基本药品费用，目录外药品费用和其他药品费用在住院费用等于 13500 元位置有断点特征，并且断点左边拟合曲线低于断点右边拟合曲线。这意味着泌尿外科在住院费用等于 13500 元时进行了费用控制。

进一步的 RD 稳健性回归结果表明，目录外药品费用在 CCT 和 IK 两种最优带宽选择方案下均通过了 10% 的显著性水平检验。这两种方式下的目录外药品费用平均下降 492 元，如果以断点右侧拟合直线交点 1500 元来计算，下降幅度为 32.8% 左右，占到药品费用下降总额的 36%。其他药品费用在住院总费用等于 13500 元的位置存在断点，并且在 IK 和 CV 两种最优带宽选择方案下通过了 10% 的显著性水平检验，平均其他药品费用总额减少 704 元左右。如果以断点左侧拟合直线交点 2250 元来计算，下降幅度为 31.3% 左右，占到药品费用下降总额的 51.7%。这就意味着，泌尿外科在住院费用等于 13500 元时通过减少 32.8% 左右的目录外药品费用、31.3% 的其他药品费用，实现药品费用整体 27% 左右的下降。

样本医院泌尿外科的药品费用只占住院总费用的 34.5% 左右，非药品费用的比例高达 65.5%。那么泌尿外科在控制药品费用的同时，非药品费用又呈现怎样的变化？图 2.8 所示为非药品费用和住院总费用的 RD 散点图。

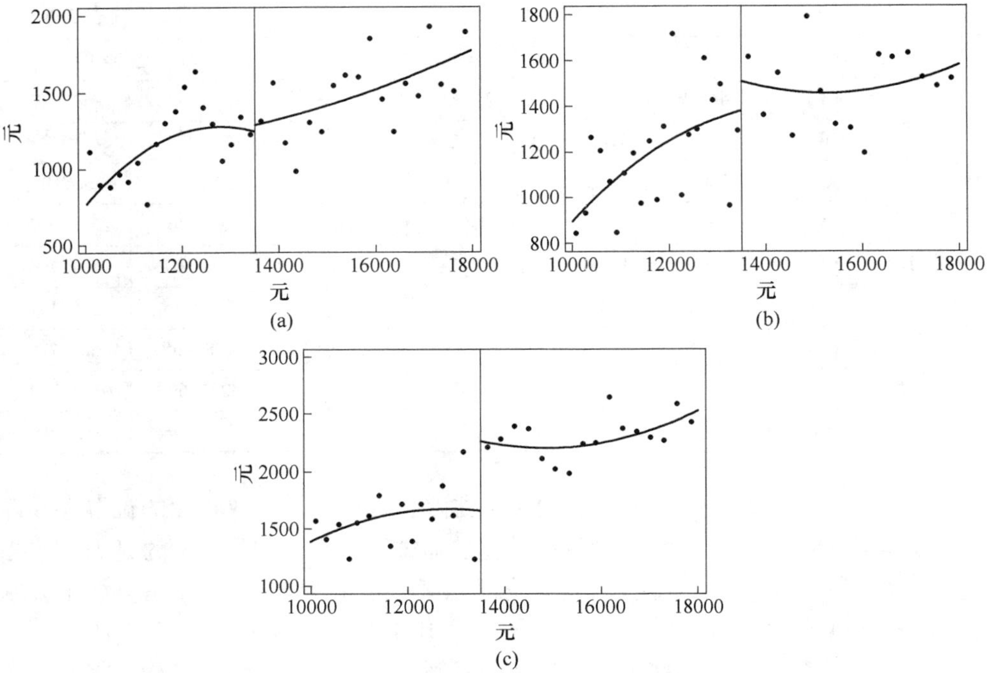

图 2.7　基本药品费用（a）、目录外药品费用（b）、
其他药品费用（c）与住院费用散点图

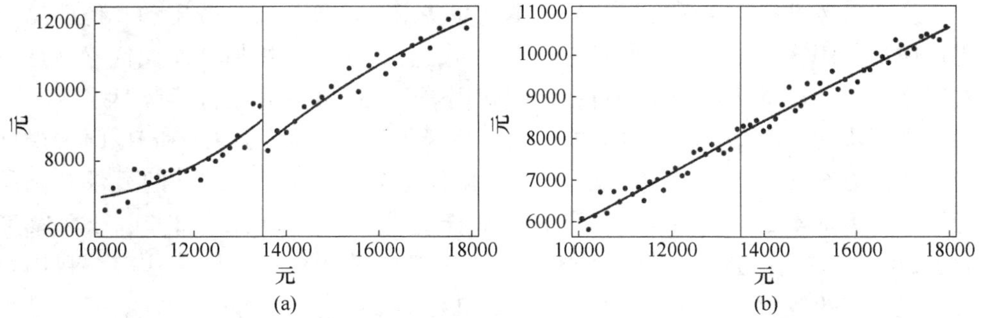

图 2.8　非药品费用（a）、自付费用（b）和住院总费用的散点图

令人吃惊的是，在住院费用等于 13500 元时非药品费用出现明显断点，但左侧显著高于右侧，这意味着，泌尿外科在控制药品费用的同时，提高了检查诊断等非药品费用。进一步 RD 稳健性回归结果也表明，非药品费用在住院总费用等于 13500 元的位置存在断点，并且在 CCT、IK 和 CV 两种最优带宽选择方案下均通过了 1% 的显著性水平检验。泌尿外科患者的非药品费用在断点处增加了 1361 元。如果以断点右侧拟合直线交点 8200 元来计算，增长幅度为 16.6% 左右。对住院天数的散点图及断点回归稳健性估计，并没有发现明显的断点。

在药品费用和非药品费用异向变动的情况下，样本医院泌尿外科新农合患者的医疗费用呈现变化如图 2.8 所示。

图 2.8(b) 所示为自付费用与住院费用散点图。可以发现，泌尿外科患者自付费用在住院费用 13500 元断点不明显，进一步的 RD 稳健回归结果在 CCT、IK 和 CV 三种最优带宽选择方案下均未能通过 10% 的显著性水平检验。

新农合制度自 2003 年开始试点实施，到 2010 年已基本覆盖全国农村居民，随着补偿比例不断提高、补偿范畴涵盖面不断扩大，农民“因病致贫”“因病返贫”状况得到缓解，“有病不医”的状况得以改善。但对于新农合制度是否真正让农民受益？参合农民的医疗负担是否减少的争论始终没有停止。本节使用断点回归方法，利用 2015 年江西省某医院新农合参合农民泌尿外科住院数据，对新农合制度下医疗机构供给行为及其对参合农民医疗负担的影响进行了分析，结果表明，在新农合次均限额约束下，泌尿外科患者目录外药品费用下降 32.8% 左右，其他药品费用下降 31.3%，药品费用减少 27%，但患者的检查诊断等非药品费用增长 16.6%，泌尿外科患者自付医疗费用并没有显著下降。新农合支付方式改革应加强医疗服务机构在检查诊断等非药品项目上的监管和约束。

2.3.3 妇产科断点回归的证据

妇产科断点回归的变量统计性描述见表 2.7。

表 2.7 妇产科住院费用基本情况 （元）

变 量	样本量	均值	标准差	最小值	中位数	最大值
住院费用	2556	11658.95	7512.47	200.23	10954.29	80055.18
药品费用	2556	2957.12	2557.83	0	2586.575	33873.44
基本药品费用	2556	887.34	839.20	0	705.2	7493.02
目录外药品费用	2556	938.77	832.24	0	849.72	6704.95
非药品费用	2556	8701.81	5535.77	196.67	8152.96	46181.74
住院时间/天	2556	9.09	6.35	1	8	73
可报费用	2556	8843.49	5732.41	145.93	8001.235	60398.12
实际报销费用	2556	4298.48	3389.37	33.17	4026.865	36404.94
自付费用	2556	7360.46	4448.84	126.91	7400.93	43650.24

2015 年妇产科平均住院费用 11658.95 元，其中药品费用 2957.12 元，占住院费用比例为 23.36%；非药品费用 8701.81 元，占比为 4.64%；平均住院时间 9.09 天；可报费用 8843.49 元，占住院总费用比例为 75.85%；实际报销费用 4298.48 元，占比为 36.87%；自付费用 7360.46 元，占比为 63.13%。与医院下达的规定次均费用 8975 元相比，妇产科实际次均住院费用明显高于标准。

而实际上，样本医院妇产科分产科和妇科。两个科室的住院费用分布大相径庭。见表2.8。产科平均住院费用为6750.22元，而妇科则为13029.52元，两者相差1倍；产科平均实际报销费用比例为22.29%，而妇科为38.98%，两者相差16个百分点。以中位数来计算，产科实际报销费用占住院费用比例的中位数为10.91%，远远低于妇科的35.93%。

表2.8　妇产科住院费用分布　（元）

项目		住院费用	药品费用	非药品费用	可报费用	实际报销费用	自付费用	住院天数
产科	均值	6750.22	1419.39	5330.82	5184.94	1504.61	5245.61	5.89
	占住院费用比/%		21.03	78.97	76.81	22.29	77.71	
	中位数	6413.29	1278.35	4905.96	4885.00	700.00	4710.44	5.00
	占住院费用比/%		19.93	76.50	76.17	10.91	73.45	
妇科	均值	13029.85	3386.59	9643.27	9865.26	5078.75	7951.10	9.99
	占住院费用比/%		25.99	74.01	75.71	38.98	61.02	
	中位数	12798.13	3029.16	9862.57	9191.99	4598.39	8029.52	9.00
	占住院费用比/%		23.67	77.06	71.82	35.93	62.74	

总体来看，妇科和产科的住院费用总额和结构存在较为明显的差异。由图2.9可以发现，产科住院费用在3000元和8000元呈现两个波峰；妇科则有3000元和13000元两个波峰。妇产科总体波峰在3000元、7000元和13000元左右出现三个波峰。

由于2015年妇产科规定次均住院费用为8975元，妇产科在13000元左右的波峰远高于这个标准。按照本节第二部分对断点存在性的分析，妇产科在13000元附近不具有强烈的控费动机。同样，3000元的波峰相对而言也远低于规定次均费用，也不会是妇产科控费的重点。因此，住院费用在7000元附近的患者应该是妇产科进行费用控制的主要群体。本节选取住院总费用作为因变量，通过观测药品费用、基本药品费用、目录外药品费用、住院天数以及自付费用的变化情况来分析新农合次均报销限额对定点医院医生行为及参合农民医疗支出的影响。

图形检测和分析在RD设计的描述和验证扮演着非常重要的角色，本节使用由Calonico、Cattaneo、Titiunik设计的均匀间隔和分位间隔数据，用分级采样方法描绘潜在的回归函数（集成均值方误差integrated mean-square error［IMSE］- optimal selectors)，并利用分级采样模仿数据变化的散点图构造方法利用stata13的rdplot命令绘制散点图。

图2.10所示为妇产科药品费用（纵轴）与住院总费用（横轴）散点图。总体来看，两者呈现明显的三个阶段，第一阶段3000～6800元，药品费用随着住

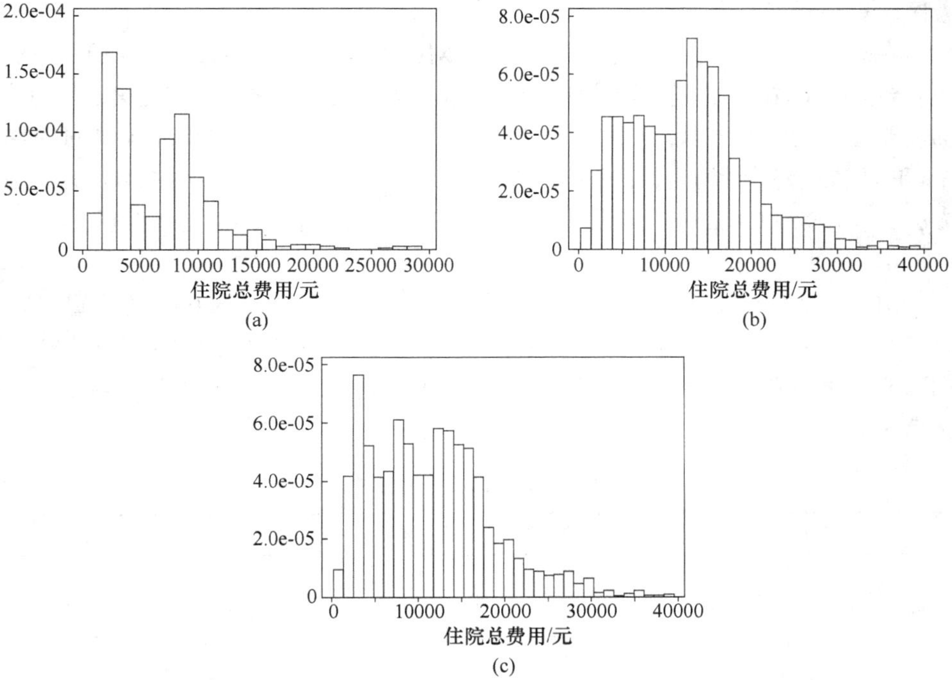

图 2.9 产科（a）、妇科（b）以及妇产科（c）住院费用分布图

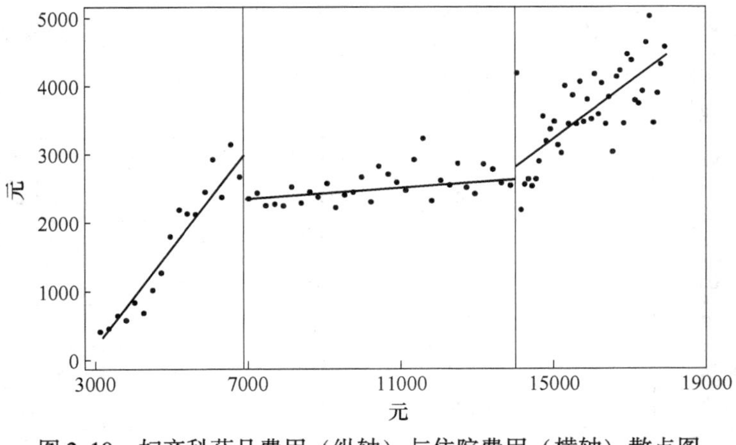

图 2.10 妇产科药品费用（纵轴）与住院费用（横轴）散点图

院费用的增长迅速增长；第二阶段 6800～14000 元，药品费用基本保持一个平稳的状态，并未随住院费用增长；第三阶段 14000 元以上，两者又呈现正相关关系。从图形上来看，在横轴住院费用等于 6800 元处药品费用存在一个断点；从曲线位置来看，断点左侧药品费用高于右侧水平；同时可以发现，住院费用在 14000 元附近的断点并不明显。考虑到妇产科规定次均费用为 8975 元，这就意味

着医院提前对药品费用进行了控制。

在散点图基础上进一步利用 RD 回归法对断点进行验证。目前，RD 回归一般使用局部多项式估计来构建干预效果的置信区间。然而在运用中，这些置信区间的性能的表现往往受到他们对带宽敏感度的影响。Calonico、Cattaneo、Titiunik 通过使用一个新的标准误差估计构建了一个偏压校正 RD 设计，提出了一个稳健的置信区间估计方法。本节使用 Calonico 等人设计的 rdrobust 命令对断点的存在性进行分析。

RD 估计结果见表 2.9。

由表 2.9 估计结果可知，药品费用在住院总费用等于 6800 元的位置存在断点，并且在 IK 和 CV 两种最优带宽选择方案下通过了 10% 的显著性水平检验。妇产科控费使得患者的药品费用总额减少 590 元左右。如果以断点左侧拟合直线交点 3100 元来计算，下降幅度为 19% 左右。

表 2.9　6800 元的 RD 稳健估计结果

断点 $c=6800$			左侧样本数 c	右侧样本数 c	样本数	761	
观测样本数	CCT		123	184	临近匹配	3	
	IK		151	224			
	CV		331	423			
局部多项式阶数（p）			2	2	核函数类型	三角核函数	
偏差阶数（q）			3	3			
带宽类型[1]		系数	标准差	z	$P>z$	[95% 置信区间]	
药品费用	CCT	−461.45	335.39	−1.3759	0.169	−1118.81	195.903
	IK	−528.17	304.25	−1.7359	0.083	−1124.5	68.1594
	CV	−783.03	213.69	−3.6643	0.000	−1201.85	−364.201
基本药品费用	CCT	109.33	247.01	0.4426	0.658	−374.794	593.453
	IK	29.723	205.7	0.1445	0.885	−373.452	432.897
	CV	−223.03	130.78	−1.7053	0.088	−479.351	33.3
目录外药品费用	CCT	−153.6	116.99	−1.3130	0.189	−382.891	75.6916
	IK	−104.1	81.141	−1.2829	0.200	−263.135	54.934
	CV	−105.84	73.574	−1.4385	0.150	−250.041	38.3632
其他药品费用	CCT	−364.32	234.08	−1.5564	0.120	−823.105	94.473
	IK	−369.68	177.6	−2.0815	0.037	−717.778	−21.5801
	CV	−454.16	148.47	−3.0589	0.002	−745.161	−163.163

[1] CCT、IK 和 CV 分别是由 Calonico、Cattaneo、Titiunik，Imbens、Kalyanaraman 和 Ludwig、Miller 提出的最优带宽估算方法。

续表 2.9

带宽类型		系数	标准差	z	$P>z$	[95% 置信区间]	
非药品费用	CCT	461.43	335.17	1.3767	0.169	−195.483	1118.34
	IK	533.29	302.6	1.7624	0.078	−59.7862	1126.37
	CV	783.03	213.6	3.6658	0.000	364.371	1201.68
住院时间	CCT	−1.5856	0.88935	−1.7829	0.075	−3.32869	0.157516
	IK	−1.3572	0.75549	−1.7964	0.072	−2.8379	0.123552
	CV	−1.3142	0.70358	−1.8679	0.062	−2.69323	0.064763
自付费用	CCT	−412.4	314.92	−1.3095	0.190	−1029.63	204.837
	IK	−364.49	278.43	−1.3091	0.191	−910.206	181.22
	CV	−261.59	229.44	−1.1401	0.254	−711.282	188.097

那么，医院是通过哪些手段降低药品费用的？根据采集的数据结构，将药品费用分为基本药品费用、目录外药品费用和其他药品费用，且：

药品费用=基本药品费用+目录外药品费用+其他药品费用

从图 2.11 可以粗略看出，基本药品费用、目录外药品费用和其他药品费用在住院费用等于 6800 元的位置均出现断点特征，并且断点左边拟合曲线高于断点右边拟合曲线。这意味着妇产科在住院费用超过 6800 元时三种费用均出现显著下降。与此同时，基本药品费用、目录外药品费用和其他药品费用在 14000 元附近的断点并不明显。

但进一步的 RD 稳健性回归结果表明，除了其他药品费用外，基本药品费用、目录外药品费用并未能通过显著性水平检验。由表 2.9 估计结果可知，其他药品费用在住院总费用等于 6800 元的位置存在断点，并且在 IK 和 CV 两种最优带宽选择方案下通过了 10% 的显著性水平检验。妇产科控费使得患者的其他药品费用总额减少 396 元左右。如果以断点左侧拟合直线交点 1500 元来计算，下降幅度为 25% 左右，占到药品费用下降总额的 67%。这就意味着，妇产科在 6800 元通过减少 25% 左右的除了基本药品费用、目录外药品费用之外的其他药品费用，实现药品费用整体 19% 左右的下降。

药品费用占据妇产科医疗费用的 25% 左右，非药品费用的比例高达 75%。那么妇产科在控制药品费用的同时，非药品费用又呈现怎样的变化？图 2.12 是非药品费用和住院总费用的 RD 散点图。令人惊讶的是，在住院费用 6800 元处非药品费用出现明显断点，且左侧显著低于右侧。进一步 RD 稳健性回归结果也表明，非药品费用在住院总费用等于 6800 元的位置存在断点，并且在 IK 和 CV 两种最优带宽选择方案下通过了 10% 的显著性水平检验。妇产科患者的非药品费用在住院费用大于 6800 元处增加 593 元左右。如果以断点左侧拟合直线交点 3500 元来计算，增长幅度为 15% 左右。

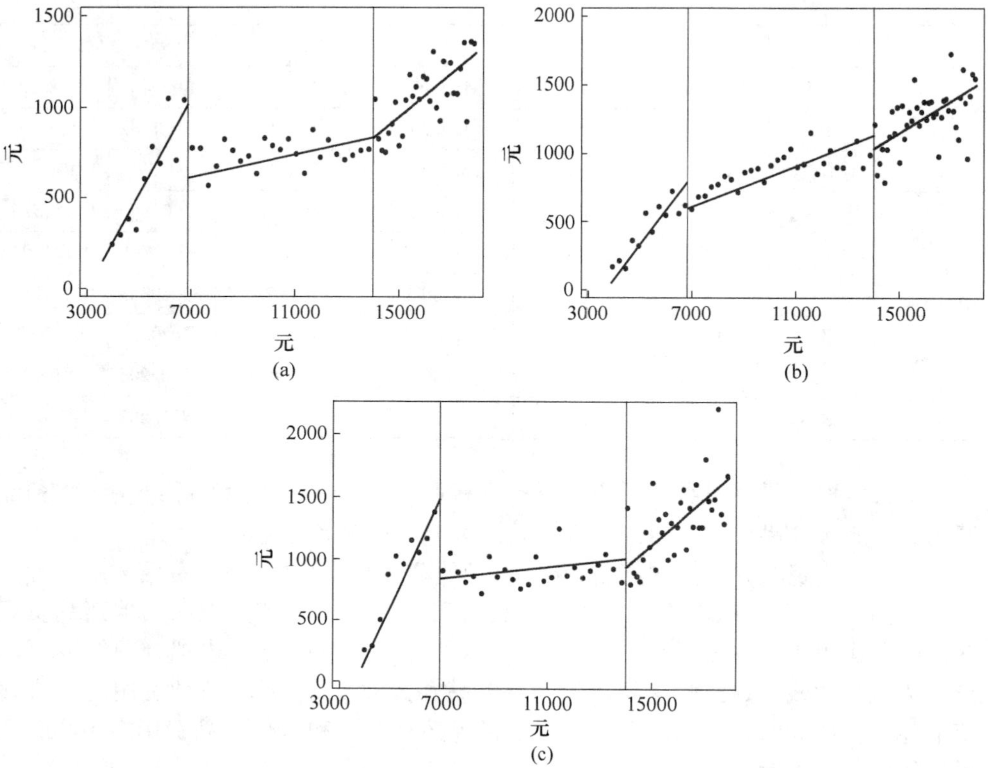

图 2.11　基本药品费用（a）、目录外药品费用（b）和其他药品费用（c）与住院费用散点图

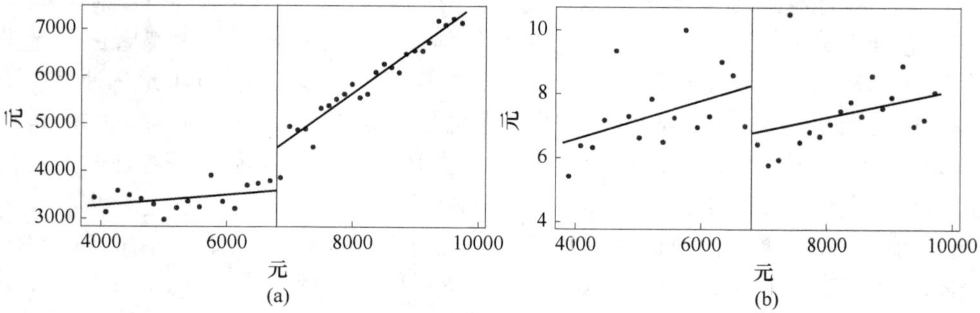

图 2.12　非药品费用（a）、住院天数（b）与住院费用（横轴）散点图

进一步地，对妇产科住院时间的散点图和 RD 稳健回归结果表明，住院天数在住院费用 6800 元出现明显断点，左侧显著高于右侧，并且在 CCT、IK 和 CV 三种最优带宽选择方案下均通过了 10% 的显著性水平检验。妇产科患者的非药品费用在住院费用大于 6800 元时下降 1.4 天，下降 17.5% 左右。

总体来看，样本医院妇产科在住院费用等于6800元的分布波峰附近进行了主动的费用控费，通过减少25%左右的除了基本药品费用、目录外药品费用之外的其他药品费用，实现药品费用整体19%左右的下降；并且使住院天数减少1.4天左右。但与此同时，患者的非药品费用增长15%，那么妇产科新农合患者的医疗费用究竟呈现怎样的变化？

图2.13所示为自付费用与住院费用散点图。由图可以看出，妇产科患者自付费用在住院费用6800元断点不明显，进一步RD稳健回归结果表明，当住院费用高于6800元时，妇产科住院患者的自付费用下降346元左右，但在CCT、IK和CV三种最优带宽选择方案下均未能通过10%的显著性水平检验。样本医院妇产科一系列的行为并没有减少参合人员的医疗负担。

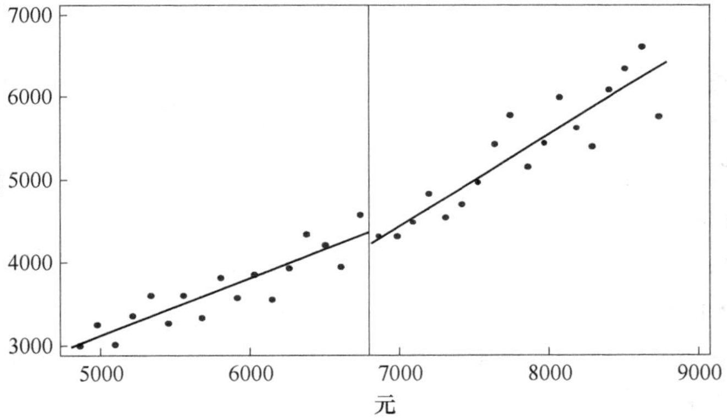

图2.13 自付费用（纵轴）与住院费用（横轴）散点图

2.4 总额预付对医疗费用水平与结构影响评述

多数国家近年来经历了快速、不可阻挡的医疗费用增长。持续上升的医疗支出不仅会吸收部分甚至全部的实际收入增长，也挤出了教育和其他社会服务消费，成本控制成为几乎所有健康领域改革最突出的特征。对医疗费用增长原因的分析也成为医疗市场研究的热点问题之一。而在诸多医疗成本增长动因中，供给诱导需求（supplier-induced demand，SID）问题毫无疑问是其中最受关注并饱受争议的一个问题。

供方诱导需求是指因医疗服务提供方（医生）的自利动机，利用医生与患者之间的信息不对称诱发服务过度消费。朱生伟指出，供给诱导需求行为是医生的“技术专权”和制度互动的产物，是医疗服务的基本特征。在需方被动而供方垄断的医疗市场中，高度专业性和技术性形成的绝对信息优势、价格需求弹性不足、诊断结果的不确定性因素，使供方诱导需求的出现几乎成为必然。而供方诱导需求可能使患者需求曲线只是反映了医生对患者的操控而不是病人自己的偏好，造成消费者剩余或医疗福利估算偏差，导致政府医疗政策无效，并造成医疗资源配置的严重浪费和低效率。

遗憾的是，尽管国外关于医疗供给者利用信息优势影响医疗服务数量和类型、诱导患者需求的研究由来已久，但因为合理的医疗服务难以界定，医疗诊断技术进步、经济地位、交通成本、健康状况、种族以及医生偏好等众多因素对患者医疗需求存在干扰，加上可能存在的医生选择健康病人行为，普通回归分析可能会因选择偏差、遗漏重要变量导致有偏估计，供给诱导需求依然是卫生经济学中最具争议的命题之一。国内供给诱导需求研究虽然近年来取得了一定进展，如宁满秀等人对新农合供给诱导需求的精彩分析，但理论探讨居多，为数不多的实证研究也多采用最小二乘回归分析、两部分模型，难以实现对供给诱导需求的有效估计。

幸运的是，为了控制医疗费用的快速上涨，近年来我国新农合大力推行总额预付制，对定点医院实行次均补偿费用限额和补偿总额控制，这为我们在中国情境下探讨供给诱导需求，解释新农合基金支出大幅上涨与自付费用未能下降提供了难得的制度环境。

本章拟利用次均补偿费用限额作为外生财务冲击变量，基于2015年某新农合定点三甲医院的患者个体直报数据，采取断点回归设计（RDD）实证方法，在梳理推导的基础上，对新农合总额预付制下供给诱导需求的表现形式、严重程度进行分析。结果表明：

（1）在新农合次均限额促使妇产科患者药品费用下降19%，住院天数减少17.5%，但患者的检查诊断等非药品费用增长15%。

（2）次均费用限额使儿科住院患者目录外药品费用下降15.1%，非基本药品目录外药品费用下降12.4%，总体药品费用下降10.8%左右，但与此同时，儿科住院病人的医疗诊断费用提高了8%左右。

（3）泌尿外科患者目录外药品费用下降32.8%左右，其他药品费用下降31.3%，药品费用减少27%，但患者的检查诊断等非药品费用增长16.6%，泌尿外科患者自付医疗费用并没有显著下降。

总体来看，次均费用限额并没有明显降低住院患者的医疗负担。

2.5　总额预付控费效果提升路径

支付方式改革的目标能否实现，取决于它能否改变医疗服务提供者的行为。目前来看，新农合次均费用限额支付方式有助于降低参合农民的药品费用，但同时增加了检查诊断等医疗费用，参合农民的医疗负担并没有明显降低。新农合制度的进一步改革应从制度设计上降低供给诱导需求产生的环境。

2.5.1 采用供给方竞标方式扭转政府和患者的信息劣势

医生和患者之间存在信息不对称是诱导需求产生的前提。由于消费者对价格和产品的“无知”，使医生有机会因自身的利益而提供不适当的信息给予患者，使其接受额外的医疗服务。同时，医疗信息透明度的增加、医院评级信息公开不仅不能降低供给诱导需求，反而可能导致医院选择患者的行为更加严重，导致患者福利降低。因此，从患者角度解决医疗信息不对称问题的难度较大，可以考虑采取供给方竞标方式，增强供给端竞争，降低供给诱导需求。

2.5.2 重构供给方收益函数

追求利润最大化是动机。医生是“理性人”，追求自我效用的最大化是诱导需求产生的动机。当医生收入受到威胁或收入减少，会使得医生有动机去诱导患者额外的需求。因此，可以通过改变供给方的收益函数，逐步改革医务人员薪酬体系，使医务人员薪酬与医院的药品、耗材、检查、化验等业务收入脱钩，解决供给诱导需求问题。

2.5.3 加快医疗信息化建设

尽快建立医疗诊断跟踪信息系统，实现定点医院医疗费用排序和信息公开。将医疗结构检查和化验收入占医疗收入比重，卫生材料收入占医疗收入比重，挂号、诊察、床位、治疗、手术和护理收入总和占医疗收入比重纳入监测范围，并按不同地区、不同类型、不同科室对医疗机构的各项医疗费用进行排序，定期公示排序结果，加强信息公开和社会监督。

3　总额预付制下的医疗费用周期特征

本章在次均限额下医疗供给动机理论分析的基础上，利用某三甲医院新农合患者住院数据考察次均费用限额下住院费用的周期特征。

3.1　研究背景

拥有7亿多参保人数的新型农村合作医疗保险制度（以下简称新农合）是中国农村人口普遍参与的公共医疗保险体系。自成立以来，新农合基金支出以每年60%的速度增长，从2003年的26.3亿元增至2014年的2890亿元，这引起了人们对基金可持续性的担忧，并促使医疗保险供给侧改革。

为了控制不合理的医疗费用支出，自2012年公立医院改革以来，新农合已从按服务项目收费支付模式向总额预付体系转变，其核心政策是“次均费用限额”，即在每个评估周期结束时，比较服务提供者（如合同医院）在评估周期内所有出院诊疗的平均费用和次均费用限额，超出部分不予补偿。虽然该政策对评估期内的平均住院费用设定了限制，但并不限制对单个患者的住院医疗费用。因此，医院在控制次均住院费用目标的过程中仍然具有很大的灵活性。

由于几乎不存在私人健康保险，新农合在保障农村人口免受健康冲击方面发挥着至关重要的作用。但是，因为政府补贴在医院收入中所占比例很小，公立医院有强烈的创收动机，其行为往往不透明。尽管来自中国的相关研究很少，但越来越多的文献表明，美国医疗保险的报销政策对服务提供者的激励产生了意想不到的后果。虽然这些政策与新农合“次均费用限额”有很大的不同，但所有这些政策都引起了人们的担忧，即供应商最大化了自身利益，并伤害了患者。

那么，在次均费用限额的约束下，医疗机构是否也会通过控制患者住院费用来实现其利益最大化目标？本章利用江西省一家三甲公立医院新农合住院患者行政数据，对医疗费用的周期特征进行了实证研究。数据集包含40000多条新农合住院患者住院记录。每条记录都包含了事件的大量信息，例如出院日期、可报销费用（即确定报销金额的费用部分）、费用明细、住院时间、诊断类型、医院部门和患者的居住县。

分析数据具有三个特点：首先，数据包括预先规定的医院总体收费限额信息，以及医院为31个部门设置的内部费用限额信息。这使我们能够衡量费用限额的严格程度，并在费用限额下评估不同级别“压力”的医疗费用结果模型。

其次，与发达地区复杂的医疗市场供应不同，江西是中国一个经济欠发达的省份，样本医院所在地市在江西省地理位置上比较偏僻，三甲医院数量少，患者面临的选择有限。最后，样本量比以往有关研究数据要大得多，也新得多，鉴于中国的医疗保健体系正在迅速发展，这一点很有价值。

3.2 新型农村合作医疗制度简介

3.2.1 新农合运行情况

在20世纪80年代初中国实行市场化经济改革初期，90%的中国农村人口没有医疗保险。为解决这一问题，我国政府于2003年启动了“新型农村合作医疗计划”，以保护农村人口免受严重疾病的侵害，减轻他们的经济负担。到2008年，新农合已在中国所有农村地区普及，自2012年以来，农村人口参保率已经超过98%。

新农合制度由政府全面负责管理和监督。中央和省级政府制定新农合的实施方案，如保费水平、保费报销率、基本药物优先报销等；县政府通常负责具体业务，如指定医疗服务机构以及日常管理。新农合资金主要来自参保人员缴费和中央与地方政府的补贴。以江西省为例，2015年，新农合参保人每年的保费为120元，中央和地方政府为每位参保人提供380元的补贴，三方合计向基金缴纳的费用为500元。

虽然新农合主要侧重于住院治疗，但也涵盖了门诊服务。参保人每年的住院服务最高报销限额为10万元。该限额是2000年的10倍，意味着对需求方限制的大大放松。值得注意的是，在分析数据中，2015年底有98.7%的患者未达到其年度报销限额的一半。因此，此限制不太可能对需求方行为产生重大影响。

3.2.2 新农合支付方式

新农合最初采用按服务项目收费（FFS）支付模式运作。但由于中国公立医院面临着利润最大化动机——医院90%以上的收入依赖药品销售和医疗服务，因此按服务项目收费模式带来了问题。此外，医院工作人员收入与医院业绩和利润密切相关。这些特点导致在按服务项目收费模式下的医疗支出大幅增加、过度医疗广泛滥用。为了解决这个问题，我国政府在2011年推出了一系列支付模式改革。按服务项目收费模式被总额预付制度取代，并辅之以控制医疗费用的特定政策工具或目标。虽然执行过程是渐进和复杂的，但截至2015年底，总额预付制度覆盖了90%的行政领域。

新农合预算系统在几个关键方面是独一无二的。首先，将限额目标设定在医院而不是地区一级，这使得它与德国、中国台湾地区和加拿大某些地区更为复杂的系统不同。在这些地方，资源总量是在地区级别确定的（即公用资源），分配给医院的实际资源量由该地区医院服务总量确定，医院可以通过改变其服务量来影响其自身（和其他医院）的资源分配。第二，医院直到年底才知道其实际资源分配——分配是根据该年度的服务量追溯确定的。第三，新农合一直在盈余的情况下运作，没有资金危机。从新农合的角度来看，主要目标是确保合理的患者支出和费用结构，而不是控制总支出。

从这个意义上说，次均费用限额是一种灵活而粗糙的政策工具，因为只要平均费用不超过限额，医院在不同情况下可以有不同的行为。虽然公立医院直到最近才有权决定特定医疗服务的价格，但它们仍能通过调整药品处方、服务数量种类以及服务时间长短来实质性地控制患者医疗费用。当然，这种灵活性也有助于医院能够将资源分配给最需要的患者。

3.2.3　样本地区新农合运行模式

下面将样本地区住院服务支付系统作为新农合运行模式典型案例进行分析。通常情况下，新农合办公室根据历史数据和医院特征，确定每家合同医院下一年度的补偿资金预算和“次均费用限额”（每位住院患者平均住院费用上限）。年初，新农合办公室将总预算的 80% 分配给合同医院。

在医院层面中，次均费用限额政策按等级方式实施如下。根据总费用限额，医院新农合办公室会将为医院每个部门下达部门次均费用限额；同时，新农合办公室会定期评估部门次均费用限额，通常以月度和半年度为周期开展检查。在每个评估点，将平均费用与该部门费用限制进行比较，超过收费限额的部门，通过（直接或间接）减少医务人员的报酬或奖金的方式受到处罚。年底，医院新农合办公室会向地区新农合办公室报告总体平均费用，并提交所有住院病人的详细清单。地区新农合办公室检查清单，并在满足费用限制要求的前提下将剩余预算（或实际报销金额，以较低者为准）分配给医院。

具体来看，在年初，地区新农合办公室拨出一部分年度预算作为补偿基金，剩余部分在年底拨付给医院。这笔资金的支付不仅取决于年终评估合规性，还取决于每月评估的合规性。默认情况下，新农合办公室会以年度目标为原始基准，每月监控合同医院的绩效。因此，医院有动机在每个月的评估点达到合规。新农合办公室还将年度预算的一部分分配给合同医院，作为维持其运作的周转金。剩余预算作为全年定期报销资金支付给合同医院。资金的这一部分与每月评估点的遵守情况挂钩——如果医院在给定的月份未能遵守规定，新农合办事处可以扣留报销基金的相关部分。年底，新农合办公室将重新评估该年医院的表现，并决定是否向合同医院支付这笔资金。这种安排增强了医院每月合规的积极性，因为不合规会由于付款延误和不付款而导致现金流和收入压力。最后，如果合同医院的服务量和收费结构发生重大变化，新农合办公室有权在年中调整年度目标。在这种支付结构下，医院面临着年度、月度和半年评估点的组合。

3.3 次均限额下的医疗供给动机理论分析

评估周期为 T，将每一期的平均住院费用与次均费用限额 K 进行比较，并且不得超过该限制。该政策创造了一个跨期模型。例如，如果医院现在收取高额费用，那么以后会受到更多限制，因为只有未来住院费用比较低，才能使平均费用在时间范围结束时不会超过次均费用限额。这种跨时期权衡使医院有动力动态调整行为，甚至选择患者进行治疗。

概念框架是一个动态优化模型，在这种模型中，垄断医院在面临患者边际成本不确定性的情况下会最大化预期利润。该模型具有两个主要特点：

（1）患者边际成本事前未知；

（2）医院可以拒绝对患者的治疗。

通常可以认为，在其他条件相同的情况下，医院以较低的边际成本治疗患者更为有利可图。在每个期间，医院都会根据患者类型做出是否接收患者的决策。当没有费用限制时，决策问题是静态的——假设患者类型的概率分布随时间变化而不变，则平均费用也会随时间而相同。

假设垄断医院面临患者成本不确定性的两期模型：在第 1 期中，医院做出最大化当前利润和预期未来利润总和的决定；在第 2 期中，医院最大化当前利润。

模型的第一个关键特征是患者成本不确定性。在每个期间，医院都会面临患者类型的选择。模型假设有两种类型的患者：低或高边际成本，“低成本”患者比“高成本”患者产生的当前利润更高，医院根据患者类型实现最佳决策。第二个关键特征是，医院可以拒绝治疗患者；在这种情况下，当前利润为零。

模型的约束条件是两个时期平均价格不超过预先指定水平，对于一个前瞻性和预期利润最大化的医院来说，决策问题变得动态化。在第 1 期决策时，医院会考虑对第 2 期预期利润的影响。具体来说，医院如果在第 1 期收取更高的价格，则由于费用限制，其第 2 期的选择将变得更加受限。因此，即使该政策在第 1 期没有立即约束，医院也有降低价格的动机。

在存在收费限制的情况下，医院在 T 期中将根据多种因素作出决定：

（1）t 期中的患者类型；

（2）“费用限制压力”：t 期之前所有出院平均费用及其与费用限额 K 的差异；

（3）剩余时间范围 $T-t$。

相对于无收费限制的情况，医院不仅在 T 期减少费用，而且在 T 之前减少费用；通过现在收取较低的费用，它保留了一个期权价值，以缓冲未来成本的不确定性。此外，当费用限制压力较高，并且剩余时间范围较长时，则收取低费用的动机更强。

总体而言，平均费用在评估周期内将呈现上升趋势。这就意味着，医院在早期将更加保守，例如，优先治疗“低成本”患者（从而收取较低的费用），以保留期权价值。这具有重要的福利影响，因为“高成本”患者面临被拒诊的风险。相反，当没有费用限制或患者成本相同时，期权价值是无关紧要的，平均费用将随着时间的推移保持不变。

3.4 次均费用限额下住院费用周期特征的实证分析

3.4.1 基线经验模型

对于在 $t=1, \cdots, 365$(天) 出院的部门 j 中的第 i 次住院，首先考虑以下经验模型：

$$\ln(y_{ijt}) = \sum_{k=-1}^{-3} \alpha_k^{weekm} weekm(k)_t + \sum_{k=2}^{12} \beta_k^{month} month(k)_t + \sum_{k=1}^{6} \beta_k^{dayinweek} dayinweek(k)_t + \beta^{holiday} holiday_t + x_{ij}\beta + \mu_j + \varepsilon_{ijt} \tag{3.1}$$

式中，使用 y_{ijt} 来表示住院结果（例如可报销费用）。为了获得单月内住院结果周期，将一个月内的日期相对于日历月末分类为几个虚拟变量。当且仅当事件在日历月的最后 7 天内时，虚拟变量 $weekm(-1)$ 等于 1。同样，当且仅当事件在日历月的最后 8 ~ 14 天时，$weekm(-2)$ 等于 1；如果当且仅当该事件在日历月的最后 15 ~ 21 天内，则 $weekm(-3)$ 等于 1。例如，当出院日期为 6 月 1 ~ 9 日时，$weekm(-1) = weekm(-2) = 0$；出院日期为 6 月 10 ~ 16 日时，$weekm(-2) = 1$；出院日期为 6 月 17 ~ 23 日时，$weekm(-2) = 1$；当出院日期为 6 月 24 ~ 30 日时，$weekm(-1) = 1$。

为了控制数据中的其他趋势，使用月份固定效果（月 (k)，$k=2, \cdots, 12$）来表示出院月份，以及周内固定效果（周数 (k)，$k=1$（星期一），…，6（星期六））表示出院在一周中的哪天发生。同时，还使用一个虚拟变量来获取所有公共节假日[1]前后三天内的出院情况。

协变量 x_{ij} 的集合包括一个虚拟变量，表示该住院是否是该年患者的唯一住院；以及 3 个虚拟变量，分别标识该次住院是该年患者的第二、第三、第四或更

[1] 包括新年、农历新年、清明、“五一”、端午、中秋、国庆节。

多次住院。总体而言，这些变量共同控制着单次住院患者和多次住院患者首次住院之间的结果差异，以及多次住院者首次住院和后续住院之间的结果差异❶。并通过一家医院部门固定效果μ_j($j=2$，…，31)，来获取不同部门在结果上的差异。特殊误差由s_{ijt}给出。

为了便于解释结果，考虑以下设定：

$$\ln(y_{ijt}) = \alpha^{daym} daym_t + \sum_{k=2}^{12} \beta_k^{month} month(k)_t + \sum_{k=1}^{6} \beta_k^{dayinweek} dayinweek(k)_t + \beta^{holiday} holiday_t + x_{ij}\beta + \mu_j + \varepsilon_{ijt} \quad (3.2)$$

变量 *daym* 等于-31，-30，…，-1，表示出院时间与本月最后一天的距离。例如，当出院日期分别为5月1日和5月31日时，变量 *daym* 等于-31和-1；当出院日期分别为6月1日和6月30日时，*daym* 等于-30和-1。

模型的一个行为假设是出院日期由医院决定，而不是由患者决定。这一假设对于促进结果解释非常重要。也就是说，费用结果的周期反映了医院的决定，而不是与患者相关的因素；否则，它只能被解释为医院和病人相关因素的混合因素。

首先讨论一些违反此假设的情况：

(1) 高收费患者可能更愿意在月末或年末出院。不知道使高收费患者倾向于在月底出院的特定因素。例如，如果个人在月底的流动性受到最大限制，那么高费用患者将宁愿在月初出院，以便他们支付费用。大量住院患者可能会有在年底出院的动机，这样他们的费用就不会计入明年的年度个人报销限额。但是，如上一节所述，个人报销配额度对样本中的大多数患者来说并没有约束力。

(2) 一些患者知道医院在收费限制下的激励，并做出了相应的战略反应。因为医院费用数据尚未公开，因此这似乎不太可能导致住院费用结果的周期。假设一些“聪明”患者有战略性的反应，例如，他们试图在接近月/年结束时入院，这样他们更有可能在下月初/年初出院（假设他们关心尽量减少费用）。如果这些“聪明”的病人由高收费患者组成，这将抑制住院费用的周期。

(3) 流行病或经济活动等其他因素也会导致住院结果产生循环。这些因素直接影响住院（例如住院人数和特征），而不是影响出院。两者之间也存在明显的滞后，因为患者平均在医院度过10天左右。虽然这些因素不太可能解释结果的月内周期（由出院日期确定），但它们是否能解释年末住院结果尚不清楚。

表3.1为基线OLS估计值。

---

❶ 为了充分考虑每个多发患者中发作结果的相关性，计算了群集调整的稳健标准误差（在个体水平上进行聚类）。在所有模型规范中发现群集调整的标准误差与异方差性强健的标准误差非常相似，导致 t 统计量差异为±0.03或更少。

表 3.1　关键出院费用指标：基线 OLS 估计值

协变量	(1a) ln 可报费用		(1b) ln 可报费用		(2) ln 住院时间		(3) ln 日均可报费用	
	系数	标准误差	系数	标准误差	系数	标准误差	系数	标准误差
面板 A：								
周（−3）	0.037	(0.012)	0.024	(0.011)	0.022	(0.010)	0.002	(0.007)
周（−2）	0.091	(0.012)	0.076	(0.011)	0.060	(0.010)	0.017	(0.007)
周（−1）	0.117	(0.012)	0.101	(0.011)	0.076	(0.010)	0.026	(0.007)
2 月	0.379	(0.023)	0.354	(0.021)	0.231	(0.019)	0.123	(0.015)
3 月	0.301	(0.021)	0.295	(0.019)	0.222	(0.016)	0.073	(0.013)
4 月	0.365	(0.022)	0.367	(0.020)	0.333	(0.017)	0.034	(0.014)
5 月	0.312	(0.021)	0.335	(0.019)	0.283	(0.017)	0.052	(0.013)
6 月	0.330	(0.021)	0.348	(0.019)	0.312	(0.017)	0.036	(0.013)
7 月	0.307	(0.021)	0.303	(0.019)	0.279	(0.017)	0.023	(0.013)
8 月	0.356	(0.021)	0.331	(0.020)	0.293	(0.017)	0.039	(0.014)
9 月	0.383	(0.022)	0.346	(0.020)	0.293	(0.017)	0.053	(0.014)
10 月	0.352	(0.022)	0.330	(0.020)	0.278	(0.017)	0.052	(0.014)
11 月	0.405	(0.022)	0.367	(0.020)	0.285	(0.017)	0.082	(0.014)
12 月	0.454	(0.022)	0.416	(0.020)	0.325	(0.018)	0.091	(0.014)
部门固定效应	No		Yes		Yes		Yes	
R_2	0.028		0.232		0.162		0.273	
面板 B(线性设定)：								
距离月底天数(daym)	0.0055	(0.0005)	0.0047	(0.0005)	0.0035	(0.0004)	0.0012	(0.0003)
月份固定效应	Yes		Yes		Yes		Yes	
部门固定效应	No		Yes		Yes		Yes	
R_2	0.028		0.232		0.162		0.273	

注：样本包含 2015 年出院的 40618 组，不涉及没有控费限制的部门，所有设定还包括一周一次的患者、公休假日患者、患者一年内的就诊次数以及重复就诊的患者。

表 3.1 显示了方程（3.1）中的关键系数（α_{-3}^{weekm}，α_{-2}^{weekm}，α_{-1}^{weekm}）和方程（3.2）中的关键系数（α^{daym}）。前两列（（1a）和（1b））将出院的可报销费用视为因变量；第（1a）列没有部门固定效果，而第（1b）列具有部门固定效果。与图 3.1 一致，出院的可报销费用在一个月内显示出明显的上升周期。

相对于参考期（月初），如果诊疗分别发生在每月最后 3 周、最后 2 周和最后 1 周出院（表 3.1 中的（1b）），则可报销费用分别高出 2.4%、7.6% 和 10.1%。线性回归证实了月内上升趋势，该回归得出 α^{daym} 估计值为 0.0047（面板 B 中的（1b））——如果在单月 30 天的月初出院，则可报销费用为 30×0.0047 = 14.1%。

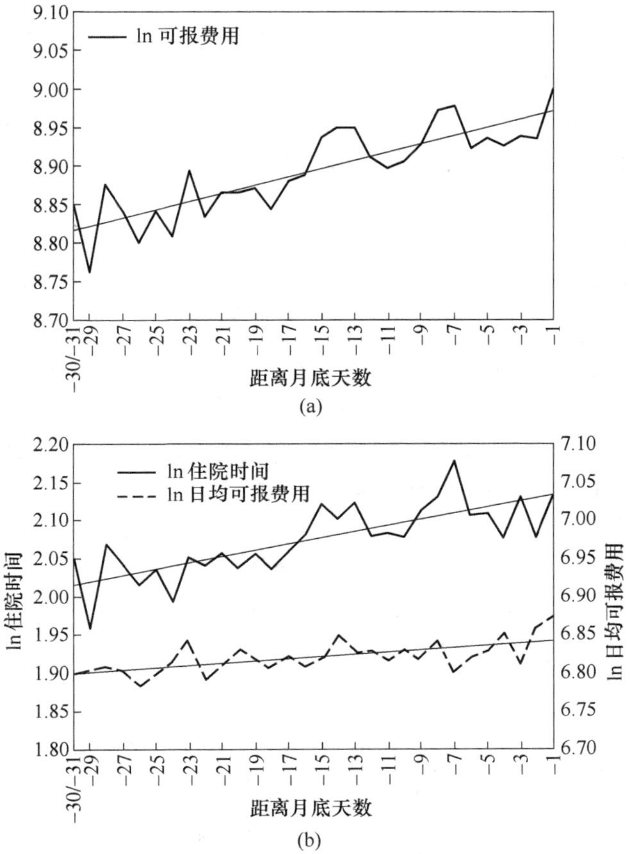

图 3.1 距离月底天数上的关键出院指标

(a) 可报费用对数在距离月底天数上的分布；

(b) 住院时间和日均可报费用对数在距离月底天数上的分布

在表 3.1 中还给出了月份固定效果（β_k^{month}，$k=2$，…，12）。相对于 1 月而言，在 2～11 月之间出院的（1b），可报销费用提高了 29.5～36.7 个对数点。12 月是全年可报销费用最高的月份：比 1 月份高 41.6 个对数点，比 11 月高 4.9 个对数点。

主要结果（1b）控制着部门固定效果，表明这些周期是由部门内部资源分配驱动的。有趣的是，当排除部门固定效应（1a）时，11 月和 12 月的固定效果会明显增大。这表明，高收费部门在年底的部门运作更为集中，这暗示着年底部门间资源的分配。

可报销费用可以表示为住院天数（最少 1 天）和在医院每天可报销费用的乘积。这意味着 ln(应收费用) = ln(住院天数) +ln(每天可报销费用)。然后，我们可以将 ln(应收费用) 的周期分解为一个由住院时间决定的部分，另一部分由每天的费用驱动。

表3.1中第2列和第3列分别将ln(住院天数）和ln(每天可报销的费用）视为因变量。这两种结果在月内周期上都表现出显著的上升趋势。根据线性规格（面板B），住院时间的月内周期解释为，可报销费用中的月内周期的0.0035占可报销费用的月内周期的74.5%，而“价格”中的月内周期（每天可报销费用）占25.5%。

同时，检查患者住院费用各种组成中是否存在月内或年度模式，例如是否包含健康保险。结果见表3.2。

可报销费用在总费用中所占的份额没有明确的周期性模式，但是，报销金额在总费用中所占份额在月底略有增加（比月初高0.3个百分点）；在至少部分可报销的部分中，正在向那些涉及更多报销的部分转变。

有趣的是，该表显示，在一年的最后3个月中，患者更有可能被归类为“罕见”诊断或在专门病房接受治疗（控制部门固定效果）。虽然这两种分类均未显示月周期，但发现总药费在总费用中的份额下降了，这反映了从药费向其他部分的转移。最后，检查病人的地理分布是否存在任何周期，即居住在离医院远的患者比例和居住在医院所在县的患者比例。虽然没有发现此类周期的明确证据，但那些在每月倒数第二周出院的人往往住得离医院较远。

表3.2 出院费用指标：基线OLS估计值

协变量	可报费用比		实际报销比		普通诊断		“罕见”诊断	
	Coef	Sterr	Coef	Sterr	Coef	Sterr	Coef	Sterr
周（-3）	0.001	(0.001)	0.001	(0.001)	0.001	(0.007)	-0.002	(0.005)
周（-2）	0.000	(0.001)	0.002	(0.001)	0.000	(0.006)	-0.004	(0.005)
周（-1）	0.000	(0.001)	0.003	(0.001)	0.007	(0.006)	-0.001	(0.005)
2月	0.000	(0.002)	0.002	(0.002)	0.004	(0.012)	0.012	(0.008)
3月	-0.005	(0.002)	-0.005	(0.002)	0.005	(0.011)	0.007	(0.008)
4月	-0.008	(0.002)	-0.003	(0.002)	0.004	(0.011)	0.001	(0.008)
5月	-0.004	(0.002)	-0.004	(0.002)	0.014	(0.011)	0.006	(0.008)
6月	-0.006	(0.002)	0.000	(0.002)	-0.005	(0.011)	0.003	(0.008)
7月	-0.007	(0.002)	-0.007	(0.002)	0.000	(0.011)	0.009	(0.008)
8月	-0.008	(0.002)	-0.006	(0.002)	-0.033	(0.011)	0.009	(0.008)
9月	0.001	(0.002)	-0.005	(0.002)	-0.015	(0.011)	0.012	(0.008)
10月	0.013	(0.002)	-0.001	(0.002)	-0.036	(0.012)	0.050	(0.009)
11月	0.007	(0.002)	-0.003	(0.002)	-0.028	(0.012)	0.040	(0.009)
12月	0.005	(0.002)	0.000	(0.002)	-0.026	(0.012)	0.039	(0.009)
部门固定效应	Yes		Yes		Yes		Yes	
R_2	0.229		0.231		0.124		0.333	

续表 3.2

协变量	总药费比		基础药费比		居住距离>70km		居住医院所在县	
	Coef	Sterr	Coef	Sterr	Coef	Sterr	Coef	Sterr
周（-3）	0.001	(0.002)	0.000	(0.001)	0.010	(0.007)	-0.005	(0.004)
周（-2）	0.000	(0.002)	-0.001	(0.001)	0.013	(0.007)	-0.002	(0.004)
周（-1）	0.003	(0.002)	-0.001	(0.001)	0.009	(0.007)	0.000	(0.004)
2月	0.007	(0.005)	-0.010	(0.002)	-0.049	(0.013)	0.005	(0.008)
3月	-0.009	(0.004)	-0.015	(0.002)	-0.025	(0.012)	0.001	(0.007)
4月	-0.005	(0.004)	-0.011	(0.002)	-0.001	(0.012)	0.001	(0.007)
5月	-0.007	(0.004)	-0.010	(0.002)	-0.004	(0.012)	-0.005	(0.007)
6月	-0.010	(0.004)	-0.012	(0.002)	-0.005	(0.012)	-0.010	(0.007)
7月	-0.023	(0.004)	-0.018	(0.002)	-0.006	(0.012)	-0.012	(0.007)
8月	-0.022	(0.004)	-0.016	(0.002)	0.009	(0.012)	-0.012	(0.007)
9月	-0.026	(0.004)	-0.017	(0.002)	0.007	(0.012)	-0.014	(0.007)
10月	-0.037	(0.004)	-0.015	(0.002)	0.008	(0.012)	-0.003	(0.007)
11月	-0.039	(0.004)	-0.014	(0.002)	-0.002	(0.012)	-0.005	(0.007)
12月	-0.032	(0.004)	-0.013	(0.002)	-0.001	(0.012)	-0.004	(0.007)
部门固定效应	Yes		Yes		Yes		Yes	
R_2	0.280		0.318		0.013		0.016	

注：Coef 为系数估计值；Sterr 为标准误差。

虽然数据集没有直接的人口统计学特征信息，但儿科和妇产科可以成为非成人和妇女的代理变量，以衡量一些疾病中可能存在的季节性模式。有些疾病可能会增加收取费用（表 3.3）。

回归结果显示，虽然月内周期仍然明显，但两个部门的可报销费用在年底没有增加。因此，两个部门似乎都没有为整个样本中观察到的年度周期做出贡献。

表 3.3 稳健性分析：按人口统计学特征的子样本验证

数据 子样本 协变量	因变量：ln 可报费用							
	新农合数据				城镇居民医保数据			
	儿科部门		妇产科部门		中心医院：儿童组		其他医院：儿童组	
	Coef	Sterr	Coef	Sterr	Coef	Sterr	Coef	Sterr
面板 A：								
周（-3）	0.022	(0.025)	0.037	(0.040)	0.027	(0.037)	0.009	(0.031)
周（-2）	0.078	(0.025)	0.091	(0.038)	-0.003	(0.037)	0.052	(0.031)
周（-1）	0.058	(0.025)	0.089	(0.040)	0.037	(0.039)	0.000	(0.029)

续表 3.3

数据 子样本 协变量	因变量：ln 可报费用							
	新农合数据				城镇居民医保数据			
	儿科部门		妇产科部门		中心医院：儿童组		其他医院：儿童组	
	Coef	Sterr	Coef	Sterr	Coef	Sterr	Coef	Sterr
2 月	0.228	(0.046)	0.242	(0.081)	0.377	(0.083)	0.206	(0.061)
3 月	0.131	(0.042)	0.229	(0.075)	0.182	(0.068)	0.120	(0.052)
4 月	0.210	(0.046)	0.366	(0.081)	0.164	(0.064)	0.137	(0.050)
5 月	0.142	(0.039)	0.333	(0.073)	0.166	(0.063)	0.025	(0.049)
6 月	0.116	(0.040)	0.334	(0.079)	0.070	(0.060)	0.075	(0.050)
7 月	0.169	(0.043)	0.307	(0.077)	0.150	(0.067)	0.135	(0.057)
8 月	0.029	(0.047)	0.284	(0.077)	0.321	(0.082)	0.317	(0.065)
9 月	−0.107	(0.050)	0.366	(0.079)	0.339	(0.081)	0.109	(0.066)
10 月	−0.084	(0.049)	0.352	(0.078)	0.313	(0.075)	0.168	(0.061)
11 月	−0.024	(0.046)	0.349	(0.073)	0.295	(0.066)	0.189	(0.056)
12 月	0.000	(0.046)	0.262	(0.081)	0.177	(0.066)	0.165	(0.050)
2016 年	—		—		0.133	(0.028)	0.083	(0.022)
样本量	2651		2558		1947		2697	
R_2	0.074		0.072		0.057		0.283	
面板 B（线性设定）：								
距离月底天数(daym)	0.0029	(0.0010)	0.0046	(0.0017)	0.0006	(0.0016)	0.0005	(0.0012)

注：1. 新农合数据由 2015 年出院病人组成，城镇居民医保数据由 2015 年和 2016 年出院病人构成。表格中所有设定在各自数据中均遵循基准模型（协变量在一定程度上不会导致完全多重共线性情况下）。

2. Coef 为系数估计值；Sterr 为标准误差（后同）。

在平稳性分析中，估计结果来自不包括 1 月、2 月和 12 月的子样本❶（表 3.4）。在此子样本中，月内可报销费用周期不太明显——如果该住院是在月末而非月初时，则应收费用增加了 30×0.0022=6.6%。有趣的是，可报销费用的月内周期几乎完全由住院时间的周期来解释（面板 B 第 2 栏，0.0020=90.9%）。总体而言，可报销费用的月内周期不太明显并不奇怪，因为子样本不包括一年中的前几周和最后几周，这往往会加强周期，因为它们分别与年度评估周期的开始和结束相吻合。

❶ 不包括 2 月，因为它涵盖了一年中最长的公共假日（农历新年）。

表 3.4 住院费用估计（3~11 月子样本）

协变量	(1a)		(1b)		(2)		(3)	
	ln 可报费用		ln 可报费用		ln 住院天数		ln 日均可报费用	
	Coef	Sterr	Coef	Sterr	Coef	Sterr	Coef	Sterr
面板 A：								
周（-3）	0.005	(0.014)	-0.008	(0.012)	0.002	(0.011)	-0.010	(0.008)
周（-2）	0.043	(0.014)	0.025	(0.012)	0.027	(0.011)	-0.002	(0.008)
周（-1）	0.059	(0.014)	0.046	(0.012)	0.042	(0.011)	0.005	(0.008)
月份固定效应	Yes		Yes		Yes		Yes	
部门固定效应	No		Yes		Yes		Yes	
R_2	0.024		0.242		0.173		0.282	
面板 B（线性设定）：								
距离月底天数(daym)	0.0029	(0.0006)	0.0022	(0.0005)	0.0020	(0.0004)	0.0002	(0.0003)
月份固定效应	Yes		Yes		Yes		Yes	
部门固定效应	No		Yes		Yes		Yes	
R_2	0.024		0.241		0.173		0.282	

注：样本包含 2015 年 3 月 1 日 ~2015 年 11 月 30 日之间出院的 31116 组病人。所有设定还包括一周一次患者、公休假日患者、一年中患者的就诊次数以及重复就诊的患者。

表 3.5 中将样本划分为两个子样本：一个包含“常见”诊断，另一个包含“罕见”诊断。相对于常见诊断子样本，罕见诊断子样本有两个主要结果。首先，可报销费用的月内周期更强。其次，每天费用中的月内周期解释了可报销费用中的月内周期。就罕见的诊断子样本由相对异质的住院组成的程度而言，这表明医院部门可能每天向患者收取更高的费用，或优先考虑在接近评估周期结束时“高成本/高费用”的患者在费用限制下的行为响应。

表 3.5 常见诊断与罕见诊断估计结果

协变量	(1)		(2)		(3)	
	ln 可报费用		ln 住院天数		ln 日均可报费用	
	Coef	Sterr	Coef	Sterr	Coef	Sterr
面板 A：						
A1： 普通诊断子样本 （N=17562）：						
周（-3）	0.038	(0.015)	0.038	(0.014)	0.000	(0.010)
周（-2）	0.067	(0.015)	0.055	(0.014)	0.012	(0.010)
周（-1）	0.085	(0.015)	0.072	(0.014)	0.013	(0.010)
R_2		0.253		0.221		0.280

续表 3.5

协变量	(1)		(2)		(3)	
	ln 可报费用		ln 住院天数		ln 日均可报费用	
	Coef	Sterr	Coef	Sterr	Coef	Sterr
A2：罕见诊断子样本（N=23056）：						
周（-3）	0.012	(0.015)	0.008	(0.013)	0.004	(0.010)
周（-2）	0.081	(0.015)	0.059	(0.013)	0.022	(0.010)
周（-1）	0.109	(0.015)	0.073	(0.013)	0.036	(0.010)
R_2		0.235		0.149		0.282
月份固定效应	Yes		Yes		Yes	
部门固定效应	Yes		Yes		Yes	
面板 B：						
B1：普通诊断子样本（N=13404）：						
周（-3）	0.005	(0.017)	0.019	(0.016)	-0.014	(0.012)
周（-2）	0.018	(0.017)	0.022	(0.016)	-0.004	(0.012)
周（-1）	0.022	(0.017)	0.032	(0.015)	-0.010	(0.011)
R_2		0.261		0.235		0.289
B2：罕见诊断子样本（N=17716）：						
周（-3）	-0.021	(0.017)	-0.013	(0.015)	-0.008	(0.011)
周（-2）	0.029	(0.017)	0.027	(0.015)	0.002	(0.011)
周（-1）	0.059	(0.017)	0.043	(0.015)	0.016	(0.011)
R_2		0.248		0.161		0.292
月份固定效应	Yes		Yes		Yes	
部门固定效应	Yes		Yes		Yes	

注：该样本不包括没有控费限制的部门。所有设定还包括一周一次患者、公休假日患者、一年中患者的就诊次数以及重复就诊的患者。

3.4.2 费用限额压力模型

为了更直接地证明收费限制的影响，考虑以下几种利用每个医院部门面临的“收费限制压力”的模型。对于第 t 天=1，…，365 的部门 j，构造两个“费用限制压力”公式，它们可以解释为部门动态优化问题中的状态变量。

第一个公式为：

$$z_{jt} = \frac{\sum_{\tau=1}^{t}\sum_{i=1}^{n_{j\tau}} y_{ij\tau}}{\sum_{\tau=1}^{t} n_{j\tau}} \tag{3.3}$$

式中 $y_{ij\tau}$——部门 j 第 τ 天出院的第 i 个患者的可报销费用；

$n_{j\tau}$——第 τ 天在部门 j 中总出院人数。

因此，z_{jt} 是部门 j 中第 1 天（1 月 1 日）至 t 天之间所有出院患者平均可报销费用。在其他条件相同的情况下，当 z_{jt} 增加时，费用限制压力会更高。

第二个公式考察 z_{jt} 和费用限制之间的相对大小：

$$\tilde{z}_{jt} = \frac{z_{jt}}{c_j} - 1 \tag{3.4}$$

式中 c_j——部门 j 面临的次均费用限制（表 3.6）。

当 $z_{jt}<c_j$ 时，有 $z_{jt}<0$；否则，会得到 $\tilde{z}_{jt} \geqslant 0$。费用限制压力（相对于限制）随着 z_{jt} 的增加而增加。

表 3.6 样本医院各部门平均实际补偿费用与次均费用限额

科室	病例数	病房数	平均实际补偿费用	费用限额	差异比/%
肿瘤科	4198	3	10970.8	13357.2	-17.9
心内科	2738	2	14633.1	14781.0	-1.0
儿科	2651	1	3364.4	4121.1	-18.4
妇产科	2558	2	8838.9	8974.7	-1.5
肠胃科	2537	2	7516.9	9136.8	-17.7
泌尿科	2232	3	12494.4	14520.6	-14.0
血管乳腺科	1904	1	7174.8	7048.5	1.8
呼吸道科	1893	2	10039.3	8601.7	16.7
肠胃外科	1877	1	14718.4	14827.5	-0.7
美容科	1767	3	15785.8	16927.1	-6.7
神经科	1646	2	10132.4	8984.6	12.8
普外科	1454	1	14127.9	14827.5	-4.7
血液科	1373	1	12825.5	15052.1	-14.8
耳鼻喉科	1299	1	7365.6	5284.2	39.4
肾脏科	1262	1	10088.3	10074.4	0.1
眼科	1154	1	5093.3	5023.7	1.4
胸外科	1150	2	26954.6	30243.4	-10.9
风湿病科	914	1	6345.4	6174.2	2.8
疼痛治疗	872	1	7376.2	7402.6	-0.4
神经外科	852	2	35980.2	31249.7	15.1
内分泌科	829	1	7343.8	6577.1	11.7
儿外科	829	1	7437.9	6880.8	8.1

续表 3.6

科室	病例数	病房数	平均实际补偿费用	费用限额	差异比/%
新生儿科	659	1	10617.0	12123.0	-12.4
皮肤科	558	1	4464.8	5502.3	-18.9
儿科监护病房	526	1	10262.5	N/A	
烧伤科	240	1	12315.5	11736.8	4.9
口腔科	201	1	6767.5	6967.3	-2.9
急诊科	199	1	9141.6	N/A	
普内科	190	1	6449.4	11583.8	-44.3
康复科	182	1	21637.2	18638.4	16.1
全科 VIP	179	1	10403.4	13239.4	-21.4
重症监护室	170	1	35753.6	N/A	
普通监护室	118	1	39791.1	36134.1	10.1
神经外科 ICU	83	1	38486.1	N/A	
整形外科	74	1	6098.0	7404.3	-17.6
中医科	58	1	19320.0	N/A	
总计	41426		11245.8	11583.0	-2.9

注：数据来源于 2015 年出院患者。

式（3.1）中的模型扩展类似：

$$\ln(y_{ijt}) = \gamma^z \ln(z_{j,t-r}) + \sum_{k=1}^{K} \delta_k \ln(\bar{y}_{j,t-k}) + \sum_{k=-1}^{-3} \alpha_k^{weekm} weekm(k)_t + \sum_{k=2}^{12} \beta_k^{month} month(k)_t + \sum_{k=1}^{6} \beta_k^{dayinweek} dayinweek(k)_t + \beta^{holiday} holiday_t + x_{ij}\beta + \mu_j + \varepsilon_{ijt} \tag{3.5}$$

我们期望关键参数 $\gamma^z<0$，因为当费用限制压力（z）增加时，部门具有减少可报销费用（y）的动机。假设信息集中存在时滞：部门在 t 天中根据在 $t-r$ 天中测得的费用限制压力做出决定。以其他观测到的协变量和与 $z_{j,t-r}$ 相关的部门固定效应 μ_j 为条件。协变量集包括式（3.1）中的变量，以及每个部门过去 k 天的平均可报销费用；在 $t-k$ 天出院患者平均可报销费用用下式表示：

$$\bar{y}_{j,t-k} = \frac{\sum_{i=1}^{n_{j,t-k}} y_{ij,t-k}}{n_{j,t-k}}$$

在实际估计中，通过使用 OLS 对由月份定义的每个子样本分别使用 OLS 估算模型，从而采用比式（3.5）更灵活的约束。令 S_m 为包含第 m 个月出院的所有样本，其中 $m=1, 2, \cdots, 12$。对于每个子样本 S_m，首先估计以下模型：

$$\ln(y_{ijt}) = \gamma_m^z \ln(z_{j,t-r}) + \sum_{k=-1}^{-3} \alpha_{mk}^{weekm} weekm(k)_t + \sum_{k=1}^{6} \beta_{mk}^{dayinweek} dayinweek(k)_t + \beta_m^{holiday} holiday_t + x_{ij}\beta_m + \mu_{mj} + \varepsilon_{ijt} \tag{3.6}$$

所有参数（包括部门固定效果）都特定于子样本，并且用下标 m 表示。在主要约束中设置了 $r=7$，这意味着部门根据一周前测量的费用限制压力做出决策。这也反映了早先的证据表明费用在短频率（例如按周）变化。获得每个子样本 S_m 的单独估计。

考虑下一个模型是：

$$\ln(y_{ijt}) = \gamma_m^z \ln(z_{j,t-r}) + \delta_{m,1,2} \ln(\bar{y}_{j,t-1,t-2}) + \delta_{m,3,4} \ln(\bar{y}_{j,t-3,t-4}) + \delta_{m,5,7} \ln(\bar{y}_{j,t-5,t-7}) + \sum_{k=-1}^{-3} \alpha_{mk}^{weekm} weekm(k)_t + \sum_{k=1}^{6} \beta_{mk}^{dayinweek} dayinweek(k)_t + \beta_m^{holiday} holiday_t + x_{ij}\beta_m + \mu_{mj} + \varepsilon_{ijt} \tag{3.7}$$

由于某些低住院人（次）部门在某些日子里没有住院患者，因此，将根据多天出院人（次）分组来构造滞后项。其中 $\bar{y}_{j,t-k_1,t-k_2} = \dfrac{\sum_{\tau=t-k_2}^{t-k_1} \sum_{i=1}^{n_{jr}} y_{ijr}}{\sum_{\tau=t-k_2}^{t-k_1} n_{jr}}$ 是在 $t-k_2$ 和 $t-k_1$ 之间发生的所有住院平均可报销费用。

首选模型如下：

$$\tilde{y}_{ijt} = \gamma_m^{\tilde{z}} \tilde{z}_{j,\ t-r} + \sum_{k=-1}^{-3} \alpha_{mk}^{weekm} weekm(k)_t + \sum_{k=1}^{6} \beta_{mk}^{dayinweek} dayinweek(k)_t + \beta_m^{holiday} holiday_t + x_{ij}\beta_m + \mu_{mj} + \varepsilon_{ijt} \tag{3.8}$$

式中，$\tilde{y}_{ijt} = \dfrac{y_{ijt}}{z_{j,t-r}} - 1$ 表示可报销费用 y_{ijt} 和费用限制压力 $z_{j,t-r}$ 之间的相对大小。

与前面的模型一样，设置 $r=7$，期望 $\gamma_m^{\tilde{z}}<0$。当 $z_{j,t-r}$ 接近部门的费用限制 c_j（即高 $\tilde{z}_{j,t-r}$）时，该部门有更大的动机通过收取远低于 $z_{j,t-r}$（即低 $\tilde{z}_{j,t-r}$）的可报销费用 $\tilde{y}_{ijt}$ 来控制费用。这将通过减少下一个期间的 z 来缓解费用限制压力。

上述模式的一个潜在问题是，如果管理各部门资源分配的医院在一年中（显性或隐性）调整部门特定费用限额，则费用限制压力可能被误判。例如，考虑两个部门（A 和 B），假设 A 由于某些外部原因受到资源限制，而 B 远低于费用限制。如果费用限制是固定的，我们预计 A 会减少费用，B 会减少费用。然而，医院可能会将 B 的资源重新分配给 A，例如，降低 B 的费用限制，提高 A 的费用限制；因此，A 的收费将继续增加，而 B 的费用将保持较低水平。因此，模型可能会低估对费用限制压力的响应，这是由于费用限制压力的错误度量导致的衰减偏差。

图 3. 2 所示为一年中每天的费用限制压力。

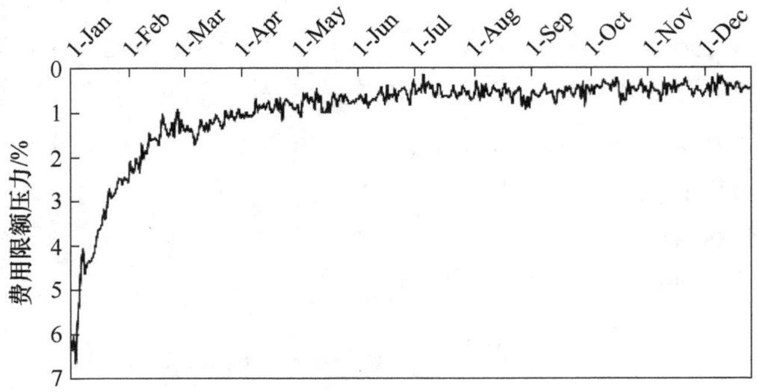

图 3. 2　每天平均费用限制压力

由于跨部门之间的费用限制压力是不同的，为了简单起见，汇集了跨部门按部门大小加权的跨部门的费用限制压力，即

$$\bar{z}_t = \frac{\sum_{j=1}^{J} n_{jt}\tilde{z}_{jt}}{\sum_{j=1}^{J} n_{jt}}$$

式中　$\bar{z}_{jt}$——相对于部门 j 的限制的费用限制压力（式（3. 4））；

n_{jt}——部门 j 在 t 天的发生次数。

上半年平均收费限额压力增加，7 月初达到最高点-0. 0135（即平均比收费限额低 1. 35%）。然后，在下半年减少并稳定下来。尽管图 3. 2 没有显示出费用限制压力的实质性横截面变化，但它显示了全年的变化。这很重要，因为该模型是根据月份对每个子样本分别进行估算的。

图 3. 3 和图 3. 4 所示为在各种模型规格下可报销费用对费用限制压力的反应。

图 3. 3(a) 和 (b) 所示分别为根据式 (3. 6) 和式 (3. 7) 绘制的 γ, z 的估计值 (m=1, …, 12)，以及 95% 的置信区间。随着时间推移，估计值变得越来越负，这意味着可报销的费用将在年底接近费用限额压力时变得更加敏感。这反映出随着年度评估周期接近尾声，各部门加大了将费用控制在限额以下的积极性。例如，在 12 月，费用限制压力 (z) 增加 1%，导致一周后可报销费用分别减少 8. 4% 和 11. 3%，如图 3. 3(a) 和 (b) 所示。该系数在 5% 水平上具有统计

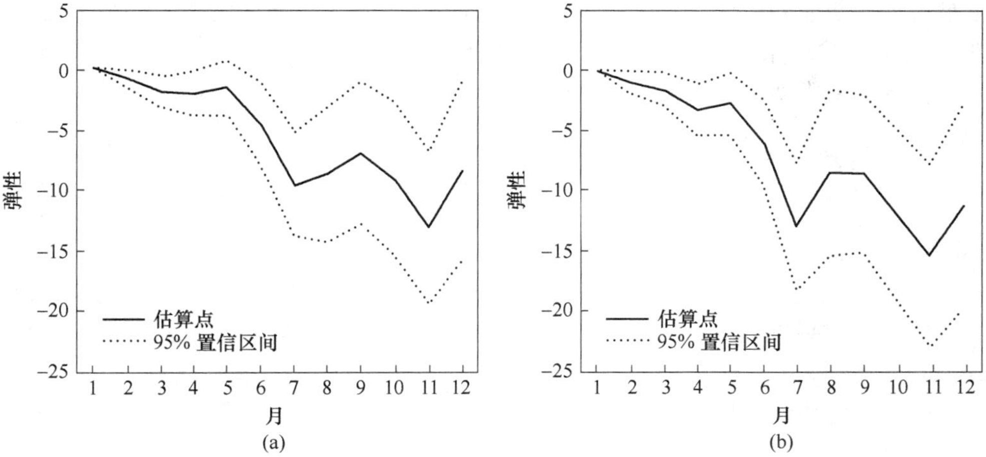

图 3.3　可补偿费用相对于历史平均可补偿费用的弹性

（a）设定 1：无动态控制；（b）设定 2：有动态控制

学意义。看似巨大的负面反应并不奇怪，因为需要大幅削减可报销费用，以明显降低费用限制压力（参见式（3.3）中的 z 定义）。

图3.4 所示为方程（3.8）中的首选模型绘制的 $\gamma_m^i(m=1, \cdots, 12)$ 的估计值。

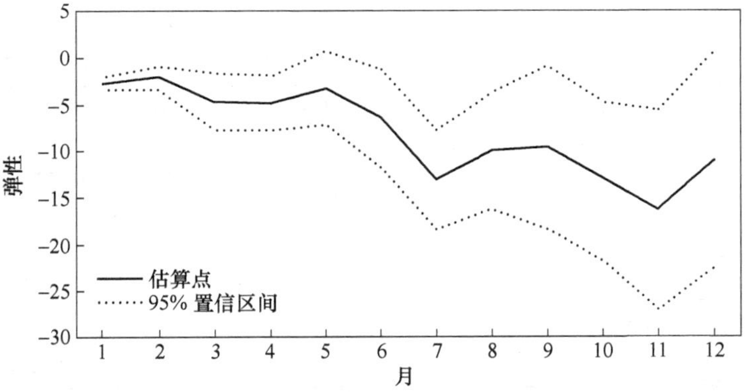

图 3.4　相对费用限额压力的补偿费用

结果在实质上相似。在 1 月，费用限制压力相对于限额（$\tilde{z}$）增加 1%，导致一周后相对可报销费用减少 2.67%；在 12 月，同样的费用限额压力导致相对可报销费用在一周后减少了 11.05%。

3.5　稳健性分析

3.5.1　基于入院日期模型

在以下平稳性分析中，使用入院日期而非出院日期来定义数据时，检查结果中是否存在明显的周期。对于每次诊疗，通过计算出院日期减去住院天数来获得其入院日期。为简单起见，分析对象只包括2015年内的诊疗。

估计一个类似于式（3.1）的模型：

$$\ln(y_{ijt'}) = \sum_{k=-1}^{-3} \alpha_k^{weekm} weekm(k)_{t'} + \sum_{k=2}^{12} \beta_k^{month} month(k)_{t'} + \sum_{k=1}^{6} \beta_k^{dayinweek} dayinweek(k)_{t'} + \beta^{holiday} holiday_{t'} + x_{ij}\beta + \mu_j + \varepsilon_{ijt'} \tag{3.9}$$

例如，如果在日历月的最后7天中被接纳第 i 集，则有 $weekm(-1)t_j=1$，$weekm(-2)=weekm(-3)t_j=0$。

表3.7为估计结果。

表3.7　2015年内住院费用回归结果

协变量	(1)		(2)		(3)		(4)	
	ln 可报费用		ln 住院天数		ln 日均可报费用		居住距离>70km	
	Coef	Sterr	Coef	Sterr	Coef	Sterr	Coef	Sterr
面板A：								
周（-3）	-0.004	(0.010)	0.001	(0.009)	-0.006	(0.007)	0.004	(0.007)
周（-2）	-0.002	(0.011)	0.004	(0.010)	-0.007	(0.007)	-0.005	(0.007)
周（-1）	-0.017	(0.011)	-0.001	(0.010)	-0.016	(0.007)	-0.012	(0.007)
2月	0.283	(0.021)	0.257	(0.020)	0.026	(0.015)	-0.051	(0.014)
3月	0.271	(0.019)	0.284	(0.017)	-0.013	(0.014)	-0.028	(0.013)
4月	0.326	(0.020)	0.391	(0.018)	-0.065	(0.014)	-0.005	(0.013)
5月	0.307	(0.020)	0.347	(0.018)	-0.040	(0.014)	-0.009	(0.013)
6月	0.315	(0.020)	0.374	(0.018)	-0.059	(0.014)	-0.010	(0.013)
7月	0.281	(0.019)	0.345	(0.018)	-0.064	(0.014)	-0.011	(0.013)
8月	0.311	(0.020)	0.360	(0.018)	-0.048	(0.014)	0.004	(0.013)
9月	0.312	(0.020)	0.356	(0.019)	-0.043	(0.014)	0.002	(0.013)
10月	0.298	(0.021)	0.341	(0.018)	-0.044	(0.015)	0.003	(0.013)
11月	0.347	(0.020)	0.352	(0.019)	-0.005	(0.015)	-0.007	(0.013)
12月	0.388	(0.021)	0.389	(0.019)	-0.001	(0.015)	-0.006	(0.013)
部门固定效应	Yes		Yes		Yes		Yes	
R_2	0.234		0.164		0.283		0.012	

注：样本包含2015年出院的40618组病人。该样本不包括没有控费限制的部门。所有设定还包括一周一次患者、公休假日患者、一年中患者的就诊次数以及重复就诊的患者。

与表3.4相反，在已承认事件的所有关键结果中均未出现显著的月内周期。

例如，相对于参考期（本月初），如果一个事件分别在每月倒数第 3 个、第 2 个和最后 1 周被收认，则可报销费用仅低 0.4%、0.2% 和 1.7%。如果评估周期是由出院日期而不是入院日期来定义的，这将进一步支持主要经验结果。有趣的是，在每月最后一周入院的往往每天收费略低，并且由更多的本地患者组成。由于平均停留时间约为 10 天，这些稍微"便宜"的诊疗大多在月初出院。请注意，每月固定效应显示的年周期与表 3.2 类似。这是因为根据数据的定义，所有已录入的患者在 2015 年底都已出院。

3.5.2 具有入院和出院量的模型

考查医院部门的入院和出院数量是否存在显著周期。这需要不同的数据结构和模型，因为结果变量是住院/出院数。令 Y_{jt}^{D} 为按部门 j 在第 t 天发生的数量，构建部门级面板数据，该数据由 31 个具有费用限制的部门 365 天的数据组成，总计 11315 个观察值。结果变量可以采用较小的整数值，甚至可以取零值（尤其是在小规模部门中）。在此模型中，条件期望值为 $E[Y_{jt}^{D} \mid \boldsymbol{X}_{jt}] = \delta\exp(\boldsymbol{X}_{jt}\boldsymbol{\beta})$，其中 δ 是过度分散的参数（在 Poisson 模型下，$\delta=0$）。协变量集类似于式（3.1）：

$$\boldsymbol{X}_{jt}\boldsymbol{\beta} = \sum_{k=-1}^{-3} \alpha_k^{weekm} weekm(k)_t + \sum_{k=2}^{12} \beta_k^{month} month(k)_t + \sum_{k=1}^{6} \beta_k^{dayinweek} dayinweek(k)_t + \beta^{holiday} holidayt + \mu_j + \varepsilon_{jt} \tag{3.10}$$

此外，计算部门 j 的 $t_j=1$，…，364（以 $Y_{jt'}^{A}$ 表示）的入院次数，并构建由 31 个部门和 364 天组成的另一部门级面板数据，共计 11284 个观测值。使用准入数据估计了另一个模型，如方程（3.10）所示。

在表 3.8 中，面板 A 报告来自整个部门级面板数据集的估计结果。几周内的出院和入院数量有差异，但它们没有表现出清晰的周期；在面板 B 中，将出院和入院面板数据集中的采样时间限制在 3 月 1～11 月 30 日之间（即 275 天），以使它们都具有 31×275=8525 个观测值。同样，出院次数在一个月内没有明确的周期，相对于参考期（本月初），当月其他周的出院次数仅高出约 5%（面板 B 第 1 栏）。这表明，主要经验结果不受出院数量变化的影响。

表 3.8 出入院规模：基于 negative inomial model 的面板数据

因变量	(1)		(2)		(3a)		(3b)	
	出院人数		入院人数		入院人数（肿瘤科）		入院人数（妇产科）	
	Coef	Sterr	Coef	Sterr	Coef	Sterr	Coef	Sterr
面板 A：全段样本								
周（−3）	0.058	(0.016)	−0.071	(0.017)	−0.005	(0.061)	−0.099	(0.066)
周（−2）	0.030	(0.017)	−0.160	(0.018)	−0.165	(0.064)	−0.155	(0.070)

续表 3.8

因变量	(1)		(2)		(3a)		(3b)	
	出院人数		入院人数		入院人数（肿瘤科）		入院人数（妇产科）	
	Coef	Sterr	Coef	Sterr	Coef	Sterr	Coef	Sterr
周（-1）	-0.017	(0.017)	-0.119	(0.018)	-0.109	(0.074)	-0.205	(0.068)
2 月	-0.247	(0.037)	-0.273	(0.039)	-0.401	0.176	-0.231	(0.140)
3 月	-0.040	(0.029)	-0.086	(0.027)	-0.167	(0.113)	0.032	(0.108)
4 月	-0.021	(0.030)	-0.127	(0.029)	-0.103	(0.124)	-0.039	(0.117)
5 月	-0.037	(0.029)	-0.055	(0.027)	-0.224	(0.107)	0.032	(0.121)
6 月	-0.009	(0.029)	-0.087	(0.027)	-0.165	(0.113)	-0.057	(0.109)
7 月	-0.031	(0.029)	-0.107	(0.027)	-0.095	(0.104)	-0.076	(0.105)
8 月	-0.141	(0.029)	-0.235	(0.029)	-0.192	(0.121)	-0.102	(0.115)
9 月	-0.131	(0.030)	-0.257	(0.030)	-0.189	(0.123)	-0.134	(0.122)
10 月	-0.170	(0.031)	-0.154	(0.031)	-0.223	(0.148)	0.029	(0.123)
11 月	-0.146	(0.030)	-0.250	(0.029)	-0.214	(0.109)	-0.072	(0.113)
12 月	-0.192	(0.030)	-0.659	(0.034)	-0.527	(0.133)	-0.553	(0.140)
样本量	11315		11284		365		365	
伪对数似然	-21996		-21913		-1070		-926	
月份固定效应	Yes		Yes		Yes		Yes	
部门固定效应	Yes		Yes		N/A		N/A	
面板 B：2015 年 3 月 1 日到 11 月 30 日样本段								
周（-3）	0.066	(0.018)	-0.015	(0.019)	0.045	(0.066)	-0.045	(0.071)
周（-2）	0.051	(0.018)	-0.050	(0.019)	-0.056	(0.062)	-0.066	(0.076)
周（-1）	0.046	(0.018)	-0.077	(0.019)	-0.068	(0.071)	-0.140	(0.071)
样本量	8525		8525		275		275	
伪对数似然	-16308		-16328		-782		-697	
月份固定效应	Yes		Yes		Yes		Yes	
部门固定效应	Yes		Yes		N/A		N/A	

注：该样本不包括没有控费限制的部门。所有设定还包括一周一次患者、公休假日患者。

有趣的是，住院人数在一个月内呈下降趋势。相对于参考期（月初），在每月第 3 个、最后 2 个和最后一周（面板 B 第 2 栏）中，入院人数分别下降 1.5%、5.0% 和 7.7%。请注意，由于平均住院时间约为 10 天，因此月底接诊人数较少间接导致月初出院人数较少。月固定效应表明住院人数在年底有所下降，尽管这至少部分是由于人为因素所致，数据中的所有诊疗均已在 2015 年底出院。

虽然入院不是本节的重点，但试图考查月内周期是否由医院部门或其他条件（如病人供应）的选择行为所驱动。例如，Dobkin、Puller 指出，加利福尼亚州与毒品有关的住院治疗存在一个月内周期，该周期在每个月初收到残疾人收入转移时达到顶峰。Evans、Moore 从美国数据中发现的暗示性证据表明，死亡率在一个月内的周期与经济活动有关，两者都是月初最高（例如工资到账）。虽然机构背景和关于诊断类型的数据排除了药物滥用的一个重要因素，但分别利用肿瘤和妇产科的入院数据重新估计了模型，这些科室分别用于治疗疾病与经济活动没有直接关系。尽管由于样本量小，应谨慎对待结果，但发现暗示性证据表明，这些部门的入院人数也在一个月内出现周期（第（3a）和（3b）栏）。因此，不能排除医院部门在增加入院人数的一个月周期内所起的作用。

3.5.3 外部有效性：城镇居民基本医疗保险计划的证据

上述实证分析的一个局限性是它使用的是 2015 年一家医院的住院病人数据。目前尚不清楚结果是否适用于更广泛的环境。为了考查这个问题，本节设法从另一个重要的公共健康保险计划获取了较长时期内多家医院的额外管理数据。

新增数据来自江西省 A 县的人力资源和社会保障部（MOHRSS）办公室。人力资源和社会保障部管理城市居民基本医疗保险（URBMI）计划，该计划与新农合类似，但仅限于城市居民。城市居民基本医疗保险成立于 2007 年，与新农合一样，在实施几年后，其参保率超过 90%。城镇居民基本医疗保险按每个省的县级地区运作，其保费和政府补贴与新农合相似。例如，2015 年江西省成人城镇居民基本医疗保险参保人每年的保费为 120 元，政府补贴为 380 元，这相当于每名参保人每年缴费 500 元，与新农合相同。城市居民基本医疗保险拥有更多的可报销药物，并且住院服务年度最高报销限额更高。然而，城市居民基本医疗保险的总体报销率（2011 年 48%）仅略高于新农合。

城镇居民基本医疗保险最初采用按服务项目收费支付模式，与新农合一样，它面临着同样的预算压力，并于 2010 年初在财政部、卫生部和卫生部（新农合管理局）的联合倡议下进行了支付系统改革。虽然城镇居民基本医疗保险和新农合基金仍然分开，并且由不同的部门管理，但由于这项联合倡议，城镇居民基本医疗保险实施了与新农合相似的总额预付系统，并且还存在按期收费的限制。

从卫生部获得两组数据：

（1）本地县内诊疗（$N=13116$）：所有城镇居民基本医疗保险住院均来自 A 县城市登记系统。

（2）县外诊疗情况（$N=3217$）：所有城镇居民基本医疗保险住院均来自 A 县城市登记系统，2014 年、2015 年和 2016 年由该市县外医院出院的个人。

首先讨论本地事件数据集，其中包含30家医院（包括乡镇卫生院）。在这个数据集中，核心医院是A县唯一的二级医院，诊疗样本数约占观察量的1/3。A县没有三级医院，与市区相比，其医疗基础设施较差，医疗基础设施与其他县相似。表3.9为该数据集的汇总统计数据。

表3.9　A县城镇居民基本医疗保险住院数据统计性描述

变　量	总计（N=13116）		县中心医院（N=4591）		县其他医院（N=8525）	
	均值	标准差	均值	标准差	均值	标准差
可报费用	4381.0	5469.4	5053.7	6354.1	4018.7	4889.8
住院天数	8.0	10.0	7.1	6.5	8.4	11.4
日均补偿费用	620.2	662.4	742.1	865.0	555.0	510.9
总费用	4793.3	6225.5	5542.7	6998.2	4389.7	5726.5
可报费用比	0.92	0.07	0.90	0.07	0.93	0.06
补偿费用比	0.56	0.17	0.50	0.15	0.59	0.16
自付费用比	0.44	0.17	0.50	0.15	0.41	0.16
未成年患者比	0.35	0.48	0.42	0.49	0.32	0.47
低保患者比	0.09	0.29	0.07	0.26	0.10	0.30
医院数	30	—	1	—	29	—

注：样本包含2015年和2016年赣州市A县城镇登记（户口）系统中的所有城镇居民住院情况，以及A县医院出院的患者。

次均平均报销费用为4381元，报销金额占总费用的56%。图3.5显示，核心医院的可报销费用呈现与新农合数据类似的月度周期模式，尽管此模式在由其他医院组成的子样本中并不明显（每家医院的URBMI患者数量要小得多）。

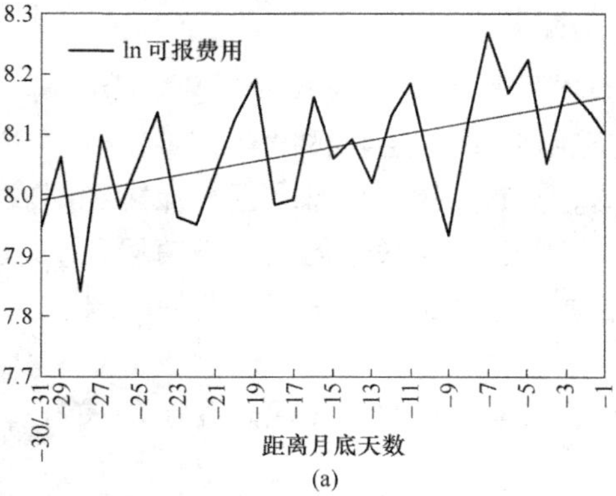

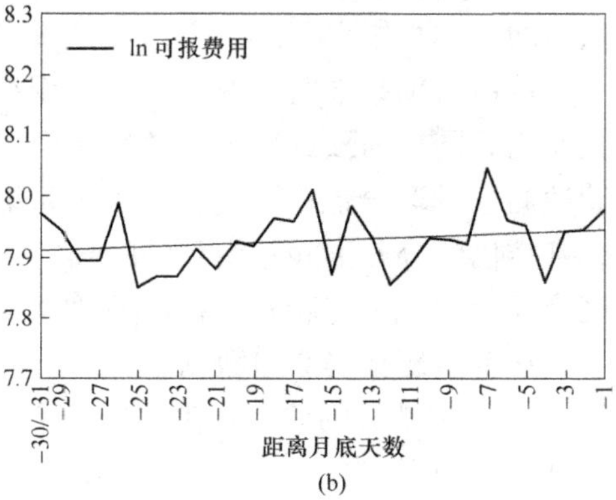

图3.5　A县城镇居民基本医疗保险月度每日住院可报销费用

（a）县中心医院；（b）县其他医院

图3.6显示，两个子样本在年初都表现出较低的可报销费用，该模式也存在于新农合数据中。

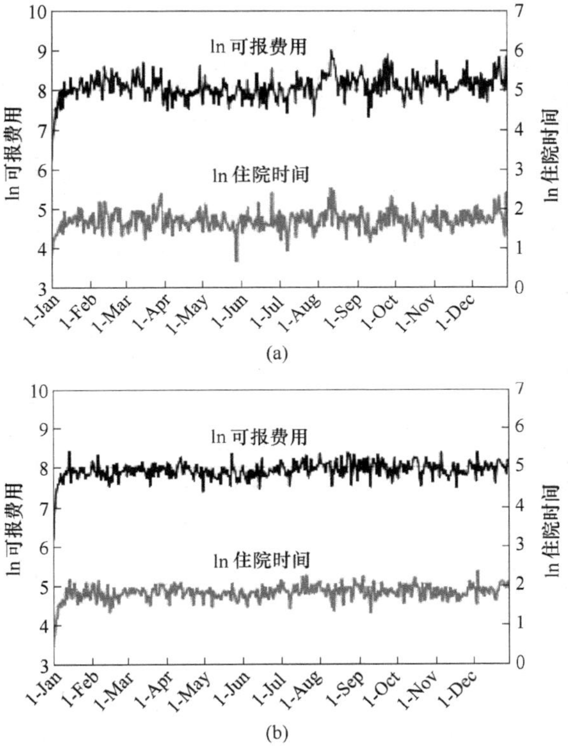

图3.6 A县城镇居民基本医疗保险年度每日住院可报销费用
（a）县中心医院；（b）县其他医院

由表3.10可以看出，核心医院的患者出院费用表现出与新农合数据相似的模式。

表3.10 A县城镇居民基本医疗保险出院费用回归结果：核心医院

协变量	(1)		(2)		(3)		(4)	
	ln 可报费用		ln 住院天数		可报费用占总费用比/%		已报费用占总费用比/%	
	Coef	Sterr	Coef	Sterr	Coef	Sterr	Coef	Sterr
面板A（县中心医院 N=4591）：								
分段设定：								
周（−3）	0.043	(0.030)	0.038	(0.027)	−0.002	(0.003)	−0.003	(0.005)
周（−2）	0.069	(0.030)	0.035	(0.028)	0.001	(0.003)	0.005	(0.005)
周（−1）	0.095	(0.030)	0.074	(0.027)	0.005	(0.003)	0.009	(0.005)
2月	0.333	(0.062)	0.094	(0.054)	0.001	(0.005)	0.016	(0.009)

续表 3. 10

协变量	(1)		(2)		(3)		(4)	
	ln 可报费用		ln 住院天数		可报费用占总费用比/%		已报费用占总费用比/%	
	Coef	Sterr	Coef	Sterr	Coef	Sterr	Coef	Sterr
3 月	0. 300	(0. 053)	0. 159	(0. 048)	0. 001	(0. 005)	0. 011	(0. 008)
4 月	0. 179	(0. 056)	0. 094	(0. 046)	0. 005	(0. 005)	0. 016	(0. 009)
5 月	0. 227	(0. 052)	0. 065	(0. 045)	−0. 003	(0. 005)	0. 005	(0. 009)
6 月	0. 217	(0. 053)	0. 121	(0. 046)	0. 010	(0. 004)	0. 024	(0. 008)
7 月	0. 183	(0. 055)	0. 061	(0. 048)	0. 007	(0. 005)	0. 015	(0. 009)
8 月	0. 375	(0. 058)	0. 179	(0. 051)	0. 017	(0. 005)	0. 040	(0. 009)
9 月	0. 323	(0. 060)	0. 039	(0. 052)	0. 002	(0. 005)	0. 027	(0. 010)
10 月	0. 291	(0. 056)	0. 074	(0. 046)	0. 003	(0. 005)	0. 027	(0. 009)
11 月	0. 317	(0. 052)	0. 096	(0. 046)	0. 002	(0. 005)	0. 030	(0. 009)
12 月	0. 370	(0. 055)	0. 134	(0. 046)	0. 001	(0. 005)	0. 028	(0. 009)
2016 年	0. 138	(0. 022)	0. 006	(0. 020)	−0. 018	(0. 002)	−0. 016	(0. 003)
R_2		0. 359		0. 153		0. 239		0. 433
线性设定：								
距离月底天数(daym)	0. 0036	(0. 0012)	0. 0025	(0. 0011)	0. 0002	(0. 0001)	0. 0003	(0. 0002)
面板 B（　县其他医院　N=8525）：								
分段设定：								
周（−3）	0. 023	(0. 020)	−0. 012	(0. 019)	0. 002	(0. 002)	0. 003	(0. 003)
周（−2）	0. 008	(0. 020)	−0. 004	(0. 020)	0. 001	(0. 002)	0. 002	(0. 003)
周（−1）	0. 032	(0. 020)	0. 024	(0. 020)	0. 001	(0. 002)	0. 006	(0. 003)
2 月	0. 120	(0. 040)	0. 055	(0. 038)	−0. 002	(0. 003)	−0. 003	(0. 007)
3 月	0. 116	(0. 036)	0. 113	(0. 035)	0. 004	(0. 003)	0. 003	(0. 006)
4 月	0. 221	(0. 037)	0. 172	(0. 034)	0. 004	(0. 003)	0. 009	(0. 006)
5 月	0. 113	(0. 035)	0. 090	(0. 033)	−0. 001	(0. 003)	−0. 006	(0. 006)
6 月	0. 125	(0. 035)	0. 102	(0. 035)	−0. 001	(0. 003)	−0. 006	(0. 006)
7 月	0. 200	(0. 039)	0. 163	(0. 036)	−0. 008	(0. 003)	−0. 007	(0. 006)
8 月	0. 208	(0. 040)	0. 128	(0. 038)	−0. 004	(0. 003)	0. 002	(0. 006)
9 月	0. 143	(0. 039)	0. 102	(0. 037)	0. 002	(0. 003)	0. 004	(0. 006)
10 月	0. 205	(0. 040)	0. 138	(0. 036)	−0. 002	(0. 003)	0. 007	(0. 006)
11 月	0. 142	(0. 037)	0. 068	(0. 035)	−0. 007	(0. 003)	−0. 001	(0. 006)
12 月	0. 229	(0. 037)	0. 188	(0. 035)	−0. 003	(0. 003)	0. 011	(0. 006)
2016 年	0. 055	(0. 015)	0. 043	(0. 014)	−0. 007	(0. 001)	−0. 008	(0. 002)
R_2		0. 361		0. 241		0. 317		0. 651

续表 3.10

协变量	(1) ln 可报费用		(2) ln 住院天数		(3) 可报费用占总费用比/%		(4) 已报费用占总费用比/%	
	Coef	Sterr	Coef	Sterr	Coef	Sterr	Coef	Sterr
医院固定效应		Yes		Yes		Yes		Yes
线性设定：								
距离月底天数(daym)	0.0010	(0.0008)	0.0012	(0.0008)	0.0001	(0.0001)	0.0003	(0.0001)

注：样本包含2015年和2016年赣州市A县城镇登记（户口）系统中的所有城镇居民住院情况，以及A县医院出院的患者。所有规范还包括月和年固定效应、医院固定效应（仅适用于其他医院子样本）、一周一次的患者、公休假日患者和患者特征（成人/非成人和最低津贴待遇）。

有趣的是，在其他医院的子样本中，尽管年度周期性模式仍然相当可观，但每月周期性模式不太明显。由表3.11可以看出，当按年度子样本估计模型时，结果在实质上相似。

表3.11 A县城镇居民基本医疗保险出院费用回归结果（其他医院）

因变量	ln 可报费用							
样本	县中心医院				县其他医院			
协变量	2015年出院 (N=2087)		2016年出院 (N=2504)		2015年出院 (N=3701)		2016年出院 (N=4824)	
	Coef	Sterr	Coef	Sterr	Coef	Sterr	Coef	Sterr
分段设定：								
周（-3）	0.060	(0.045)	0.019	(0.040)	0.021	(0.031)	0.036	(0.026)
周（-2）	0.070	(0.045)	0.068	(0.041)	-0.008	(0.031)	0.034	(0.027)
周（-1）	0.107	(0.045)	0.086	(0.041)	0.016	(0.030)	0.062	(0.026)
2月	0.263	(0.094)	0.397	(0.083)	0.077	(0.056)	0.145	(0.057)
3月	0.291	(0.080)	0.315	(0.071)	0.158	(0.053)	0.089	(0.048)
4月	0.210	(0.085)	0.161	(0.075)	0.307	(0.054)	0.139	(0.049)
5月	0.216	(0.078)	0.243	(0.070)	0.194	(0.052)	0.057	(0.048)
6月	0.139	(0.075)	0.297	(0.075)	0.150	(0.049)	0.109	(0.050)
7月	0.106	(0.086)	0.241	(0.072)	0.226	(0.055)	0.188	(0.053)
8月	0.255	(0.085)	0.476	(0.079)	0.243	(0.059)	0.173	(0.054)
9月	0.245	(0.091)	0.403	(0.080)	0.168	(0.055)	0.112	(0.053)
10月	0.213	(0.083)	0.357	(0.076)	0.234	(0.060)	0.180	(0.052)
11月	0.211	(0.079)	0.408	(0.070)	0.204	(0.055)	0.097	(0.050)
12月	0.351	(0.081)	0.390	(0.072)	0.387	(0.054)	0.112	(0.050)
R_2		0.352		0.368		0.404		0.356

续表 3.11

因变量 样本 协变量	ln 可报费用							
	县中心医院				县其他医院			
	2015 年出院 （N=2087）		2016 年出院 （N=2504）		2015 年出院 （N=3701）		2016 年出院 （N=4824）	
	Coef	Sterr	Coef	Sterr	Coef	Sterr	Coef	Sterr
线性设定：								
距离月底天数(daym)	0.0039	(0.0019)	0.0035	(0.0017)	0.0002	(0.0013)	0.0024	(0.0011)

注：医院层面的容量数据是根据赣州地区 A 县城镇登记（户口）系统中的所有城镇居民住院事件以及 2015 年和 2016 年 A 县医院出院的患者构建的。所有规范还包括月和年固定效应、医院固定效应（仅限其他医院子样本）、一周一次患者和公休假日患者。

表 3.12 仅使用非成人数据来估计模型。与新农合数据不同，这些事件之间没有明显的周期性模式。

表 3.12　A 县城镇居民基本医疗保险出院费用回归结果（非成人数据）

数据 子样本 协变量	因变量：ln 可报费用							
	新农合数据				城镇居民医保数据：地方医院			
	儿科		妇产科		中心医院：儿童组		其他医院：儿童组	
	Coef	Sterr	Coef	Sterr	Coef	Sterr	Coef	Sterr
面板 A：								
周（-3）	0.022	(0.025)	0.037	(0.040)	0.027	(0.037)	0.009	(0.031)
周（-2）	0.078	(0.025)	0.091	(0.038)	-0.003	(0.037)	0.052	(0.031)
周（-1）	0.058	(0.025)	0.089	(0.040)	0.037	(0.039)	0.000	(0.029)
2 月	0.228	(0.046)	0.242	(0.081)	0.377	(0.083)	0.206	(0.061)
3 月	0.131	(0.042)	0.229	(0.075)	0.182	(0.068)	0.120	(0.052)
4 月	0.210	(0.046)	0.366	(0.081)	0.164	(0.064)	0.137	(0.050)
5 月	0.142	(0.039)	0.333	(0.073)	0.166	(0.063)	0.025	(0.049)
6 月	0.116	(0.040)	0.334	(0.079)	0.070	(0.060)	0.075	(0.050)
7 月	0.169	(0.043)	0.307	(0.077)	0.150	(0.067)	0.135	(0.057)
8 月	0.029	(0.047)	0.284	(0.077)	0.321	(0.082)	0.317	(0.065)
9 月	-0.107	(0.050)	0.366	(0.079)	0.339	(0.081)	0.109	(0.066)
10 月	-0.084	(0.049)	0.352	(0.078)	0.313	(0.075)	0.168	(0.061)
11 月	-0.024	(0.046)	0.349	(0.073)	0.295	(0.066)	0.189	(0.056)
12 月	0.000	(0.046)	0.262	(0.081)	0.177	(0.066)	0.165	(0.050)
2016 年					0.133	(0.028)	0.083	(0.022)
样本量		2651		2558		1947		2697

续表 3.12

数据 子样本 协变量	因变量：ln 可报费用							
	新农合数据				城镇居民医保数据：地方医院			
	儿科		妇产科		中心医院：儿童组		其他医院：儿童组	
	Coef	Sterr	Coef	Sterr	Coef	Sterr	Coef	Sterr
R_2		0.074		0.072		0.057		0.283
面板 B（线性设定　　）：								
距离月底天数(daym)	0.0029	(0.0010)	0.0046	(0.0017)	0.0006	(0.0016)	0.0005	(0.0012)

注：新农合数据包括 2015 年出院的病人。城镇居民医保数据包括 2015 年和 2016 年出院的患者。表中的所有设定都遵循各自数据中的基准模型（在协变量不会导致完全多重共线性的情况下）。

这表明周期性模式集中在成人中。最后，根据式（3.10）估计出院量和入院量模型。由表 3.13 可以看出，核心医院和其他医院往往在日历月和年末出院的患者较多。

表 3.13　A 县城镇居民基本医疗保险出入院人员（基于 negative inomial model 的面板数据）

子样本 因变量	县中心医院				县其他医院			
	出院人数		入院人数		出院人数		入院人数	
	Coef	Sterr	Coef	Sterr	Coef	Sterr	Coef	Sterr
周（-3）	0.076	(0.050)	-0.031	(0.045)	0.047	(0.036)	-0.051	(0.033)
周（-2）	0.087	(0.051)	0.024	(0.047)	0.041	(0.037)	-0.079	(0.033)
周（-1）	0.184	(0.059)	-0.041	(0.044)	0.136	(0.037)	-0.135	(0.033)
2 月	-0.176	(0.100)	-0.431	(0.114)	0.127	(0.070)	-0.082	(0.070)
3 月	0.072	(0.092)	-0.135	(0.094)	0.324	(0.063)	-0.002	(0.062)
4 月	0.196	(0.086)	-0.088	(0.105)	0.339	(0.063)	0.087	(0.065)
5 月	0.134	(0.086)	-0.049	(0.095)	0.487	(0.062)	0.181	(0.060)
6 月	0.300	(0.094)	-0.102	(0.104)	0.441	(0.062)	0.198	(0.063)
7 月	-0.017	(0.087)	-0.187	(0.093)	0.353	(0.063)	-0.055	(0.063)
8 月	-0.107	(0.091)	-0.414	(0.098)	0.180	(0.071)	-0.156	(0.064)
9 月	-0.036	(0.093)	-0.358	(0.109)	0.337	(0.069)	0.030	(0.066)
10 月	-0.001	(0.085)	-0.203	(0.107)	0.304	(0.067)	0.017	(0.064)
11 月	0.139	(0.079)	-0.080	(0.092)	0.282	(0.064)	-0.046	(0.062)
12 月	0.264	(0.114)	-0.212	(0.097)	0.605	(0.072)	0.057	(0.064)
2016 年	0.190	(0.039)	0.180	(0.034)	0.252	(0.026)	0.253	(0.024)
样本量	731		731		21199		21199	
伪对数似然	-1839		-1751		-11371		-11183	

注：医院层面的容量数据是根据赣州地区 A 县城镇登记（户口）系统中的所有城镇居民住院事件以及 2015 年和 2016 年 A 县医院出院的患者构建的。所有规范还包括月和年固定效应、医院固定效应（仅限其他医院子样本）、一周一次患者和公休假日患者。

此外，在由其他医院组成的子样本中，在月末时入院人数显著下降（控制医院固定效果）。

接下来将讨论第二个数据集，其中包括在该市地区以外接受治疗的城镇居民基本医疗保险患者。解释这一数据集的结果，需要就健康保险制度的总体结构进行补充。与新农合类似，城镇居民基本医疗保险系统在地理上是隔离的。默认情况下，个人只有在自己的居住登记县内接受医疗保健，才享受城镇居民基本医疗保险的保障。如果他们希望获得地区外的城镇居民基本医疗保险（非紧急）医疗保险，则必须先办理申请手续，并在获得县医疗保险办公室的批准后才能获得医疗保健。传统上，这些病人在出院时必须支付全部费用，然后把发票带回本地区，从医疗保险办公室获得报销。从这些医院的角度来看，这些患者类似于没有健康保险的患者，因为这些医院不需要从健康保险系统寻求报销。这种情况在过去几年中已逐渐改变，因为许多地区已与其他省（但主要是同一省内的医院）达成协议，允许患者出院而无需预先支付全部费用。然而，许多医院不愿进行此类安排，因为他们随后需要向医疗保险办公室寻求报销。例如，截至 2016 年，江西省有 53 家具有这种特点的医院。该地与另外两个地区（邻近的吉安市、江西省行政中心南昌市）的一些医院进行了安排。

虽然无法在此数据集中识别特定的具体医院，但我们能够确定该医院的等级以及该医院是否位于江西省境内。基于其他省份的医院与该市地区城镇居民基本医疗保险系统之间联系较小（并受其限制）的关系，将数据划分为两个子样本——（A）江西省其他地区的医院出院，（B）江西省以外的医院出院。

表 3. 14 为汇总统计数据，可以看出样本 B 单集可报销费用比子样本 A 高得多（18096 比 5625 元），可报销总费用比率较低（85% 比 91%），索赔总费用比率较低（37% 比 45%）。

表 3. 14　A 县城镇居民基本医疗保险异地就诊统计性描述

变　量	总计（N=3217）		江西省境内　（N=2204）		江西省境外（N=1013）	
	均值	标准差	均值	标准差	均值	标准差
可报费用	9552. 2	15046. 2	5625. 2	7339. 6	18096. 2	22260. 0
住院天数	7. 0	8. 1	5. 9	6. 2	9. 3	10. 8
日均报销费用	1759. 4	3471. 7	1187. 3	2547. 4	2976. 8	4661. 4
总费用	11500. 2	19661. 4	6381. 5	8928. 3	22636. 9	29558. 9
可报费用比	0. 89	0. 09	0. 91	0. 07	0. 85	0. 10
补偿费用比	0. 42	0. 17	0. 45	0. 17	0. 37	0. 16
自付费用比	0. 58	0. 17	0. 55	0. 17	0. 63	0. 16

续表 3.14

变　量	总计（N=3217）		江西省境内（N=2204）		江西省境外（N=1013）	
	均值	标准差	均值	标准差	均值	标准差
未成年患者比	0.44	0.50	0.50	0.50	0.30	0.46
低保患者比	0.06	0.23	0.05	0.21	0.07	0.26
三级医院患者比	0.54	0.50	0.33	0.47	0.99	0.12

注：样本包含赣州地区 A 县城镇登记（户口）系统中个人于2014 年、2015 年和2016 年异地就诊出院的所有城镇居民医保住院情况。

更有趣的是图 3.7 和图 3.8。子样本 B 在可报销费用方面没有表现出月度和年度周期，而证据在子样本 A 中混合。

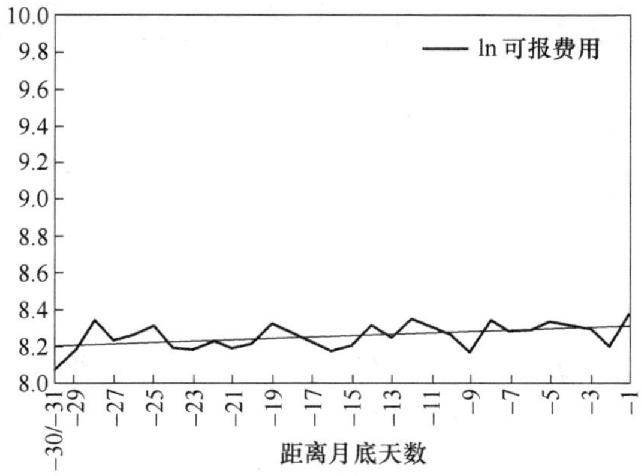

(a)

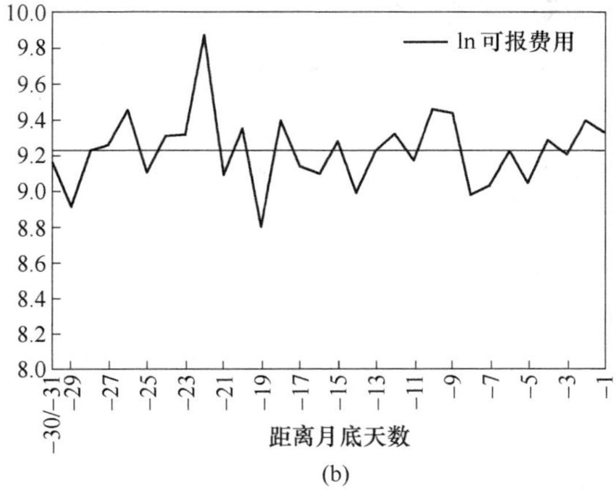

(b)

图 3.7　A 县城镇居民基本医疗保险异地就诊月度每日住院可报销费用

（a）省内市外；（b）省外

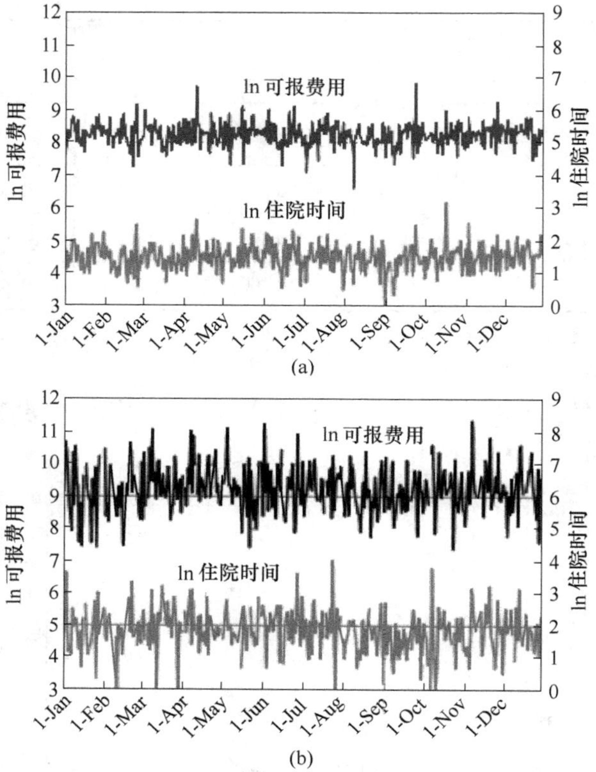

图 3.8　A 县城镇居民基本医疗保险异地就诊年度每日住院可报销费用

(a) 省内市外；(b) 省外

在基于式（3.1）和式（3.2）的经验模型中，在子样本 B 中没有发现可报销费用的月度和年度周期的证据，而子样本 A 中有一些证据（表 3.15）。但根据式（3.10）估计的出院量和入院量的模型，并在两个子样本中发现了有限的周期性模式的证据。

表 3.15　A 县城镇居民基本医疗保险异地就诊住院费用（子样本 A）

协变量	(1)		(2)		(3)		(4)	
	ln 可报费用		ln 住院时间		可报费用占住院总费用比例		已报费用占住院总费用比例	
	Coef	Sterr	Coef	Sterr	Coef	Sterr	Coef	Sterr
面板 A(　江西省境内　$N=2204$)：								
分段设定								
周（-3）	-0.023	(0.042)	-0.048	(0.044)	-0.006	(0.004)	-0.011	(0.007)
周（-2）	0.067	(0.043)	0.033	(0.044)	-0.002	(0.003)	0.002	(0.006)

续表 3.15

协变量	(1)		(2)		(3)		(4)	
	ln 可报费用		ln 住院时间		可报费用占住院总费用比例		已报费用占住院总费用比例	
	Coef	Sterr	Coef	Sterr	Coef	Sterr	Coef	Sterr
周（-1）	0.053	(0.043)	0.021	(0.043)	-0.005	(0.004)	0.003	(0.007)
2 月	-0.050	(0.064)	-0.016	(0.072)	0.009	(0.006)	0.008	(0.010)
3 月	0.042	(0.068)	0.097	(0.071)	0.002	(0.006)	-0.005	(0.011)
4 月	0.005	(0.070)	0.131	(0.069)	0.003	(0.006)	0.002	(0.011)
5 月	0.064	(0.069)	0.094	(0.069)	-0.003	(0.006)	-0.003	(0.011)
6 月	-0.007	(0.073)	0.089	(0.076)	-0.003	(0.007)	-0.007	(0.012)
7 月	0.072	(0.068)	0.070	(0.064)	0.003	(0.005)	0.010	(0.010)
8 月	0.059	(0.072)	0.028	(0.073)	-0.007	(0.006)	-0.015	(0.011)
9 月	0.031	(0.074)	-0.046	(0.073)	0.000	(0.006)	-0.001	(0.012)
10 月	0.096	(0.065)	0.126	(0.071)	-0.004	(0.006)	0.011	(0.010)
11 月	0.126	(0.074)	0.110	(0.074)	0.000	(0.006)	0.010	(0.012)
12 月	0.138	(0.069)	0.161	(0.070)	-0.001	(0.006)	0.008	(0.011)
2015 年	0.044	(0.037)	0.121	(0.038)	-0.008	(0.003)	-0.021	(0.006)
2016 年	0.213	(0.037)	0.174	(0.039)	-0.019	(0.003)	-0.038	(0.006)
R_2		0.266		0.271		0.352		0.588
线性设定 距离月底天数(daym)	0.0034	(0.0018)	0.0019	(0.0018)	-0.0002	(0.0002)	0.0003	(0.0003)
面板 B（江西省境外 N=1013）：								
分段设定 周（-3）	-0.165	(0.095)	-0.120	(0.089)	-0.003	(0.009)	-0.007	(0.014)
周（-2）	-0.074	(0.094)	-0.031	(0.089)	-0.009	(0.009)	-0.010	(0.013)
周（-1）	-0.151	(0.092)	-0.006	(0.084)	-0.005	(0.009)	-0.001	(0.013)
2 月	0.143	(0.193)	0.134	(0.189)	0.049	(0.020)	0.067	(0.024)
3 月	0.238	(0.163)	0.232	(0.154)	0.019	(0.017)	0.042	(0.020)
4 月	0.398	(0.167)	0.161	(0.145)	0.000	(0.017)	0.026	(0.020)
5 月	0.221	(0.162)	0.060	(0.151)	0.031	(0.016)	0.074	(0.022)
6 月	0.081	(0.155)	0.215	(0.146)	0.035	(0.015)	0.068	(0.020)
7 月	0.285	(0.146)	0.199	(0.152)	0.041	(0.015)	0.110	(0.020)
8 月	0.014	(0.151)	-0.042	(0.132)	0.039	(0.014)	0.087	(0.021)
9 月	-0.002	(0.162)	-0.198	(0.149)	0.032	(0.016)	0.090	(0.023)

续表 3.15

协变量	(1)		(2)		(3)		(4)	
	ln 可报费用		ln 住院时间		可报费用占住院总费用比例		已报费用占住院总费用比例	
	Coef	Sterr	Coef	Sterr	Coef	Sterr	Coef	Sterr
10 月	0.167	(0.151)	-0.001	(0.160)	0.023	(0.018)	0.099	(0.025)
11 月	0.157	(0.165)	0.007	(0.158)	0.031	(0.015)	0.115	(0.023)
12 月	0.162	(0.157)	0.041	(0.156)	0.033	(0.016)	0.096	(0.024)
2015 年	-0.034	(0.078)	-0.140	(0.074)	-0.016	(0.008)	-0.028	(0.012)
2016 年	0.003	(0.079)	-0.080	(0.076)	-0.016	(0.008)	-0.039	(0.012)
R_2		0.148		0.060		0.094		0.165
线性设定 距离月底天数(daym)	-0.0029	(0.0038)	0.0019	(0.0036)	-0.0003	(0.0004)	-0.0001	(0.0006)

注：样本包含赣州地区 A 县城镇登记（户口）系统中个人于 2014 年、2015 年和 2016 年异地就诊出院的所有城镇居民医保住院情况。所有规范还包括月和年固定效应、医院固定效应（仅适用于其他医院子样本）、一周一次的患者、公休假日患者和患者特征（成人/非成人和最低津贴待遇）。

3.6　结论

本章对“次均费用限额”对我国医疗保险系统中成本控制政策实施的效果进行了实证研究。利用中国新农合的住院病人补偿数据实证发现，医院部门会根据次均费用限制下的压力水平动态调整住院费用，住院费用存在异常周期性模式。例如，由于住院天数的增加，出院费用在月内循环上升，而在每月月初突然下降。这与部门的优化行为相一致，该行为在费用限额执行考核周期开始时设置了较低的费用，以缓解未来的不确定性。

使用城市健康保险计划 URBMI 的数据考查了分析的外部有效性，并发现了实质上相似的结果，即次均费用限额以政策制定者可能无法预料的方式扭曲了医院的行为。

主要实证结果总结如下：

首先，当平均住院费用接近次均费用限额时，医院部门有更大的动机来降低费用。这种关系在年度评估周期接近尾声时尤为强烈。每年 12 月，这种“收费限制压力”增加 1%，导致一周后出院事件的可报销费用减少了 11.05%。这一结果还意味着，当平均费用远低于费用限额（即“费用限额压力”较低）时，医院部门往往会增加费用，尤其是接近年底时。理由是，医院部门的目标是在年底尽可能接近费用限额，以使收入最大化，但不超过限额，因为这将导致罚款。由于许多医院部门的历史平均费用低于其收费限额，这将造成费用在接近年底时呈现上升趋势，所有其他费用也是一样。

其次，简化模型表明，在评估周期开始时的出院费用往往比结束时便宜。这不仅在年度水平上，而且在月度水平上也都是正确的。相对于月初，如果事件在该月的最后三周、最后两周和最后一周出院，可报销费用分别高出2.4%、7.6%和10.1%。虽然年度周期很重要，但上述结果表明，每月评估点也很重要，因为它们会在事件结果中产生异常的月度周期。总的来说，这与部门的优化行为相一致，该部门在时间范围开始（到下一个评估点的剩余时间）收取较低的费用，以保留期权价值来缓解未来的不确定性。

第三，医院部门主要通过延长患者住院时间来增加住院费用。约75%的月内可报销费用可以用停留时间的长短来解释，而其余的可以由每天的费用来解释。

最后，当使用入院日期而不是出院日期来进行分类时，不会在单月费用中找到月内周期。由于补偿款是由出院日期决定的，这为本节的分析提供了进一步的支持。在不影响上述结果有效性的情况下，本节还记录了月内住院人数（但不包括出院人数）的一个周期，该周期在月底最低。

为了检验结果的外部有效性，本节利用另一个重要的公共健康保险项目（即城镇居民基本医疗保险（URBMI）计划）的管理数据进行了实证调查。URBMI与新农合类似，但仅限于属于城市登记系统的个人。在当地医院出院的事件中，即患者住院登记地区的医院，本节记录了诊疗结果中的异常周期性模式。该模式与新农合定性相似。与URBMI系统在地理上隔离的特点相一致，发现患者在居住地区以外医院出院的病例中的证据好坏参半。

4 就医距离与非理性医疗费用

本章在就医距离如何影响医疗费用理论分析的基础上，基于 2011 年、2013 年、2015 年 Charls 微观数据，利用门槛回归检验了距离对住院费用的非线性影响，并采取 Blinder-Oaxaca 分解剥离距离引起的非理性住院费用增长。

4.1 研究背景

2013～2017 年，全国财政医疗卫生累计支出 59502 亿元，年均增幅 11.7%，比同期全国财政支出增幅高出 2 个百分点[❶]。持续上升的医疗支出不仅会吸收部分甚至全部的实际收入增长，也可能挤出教育和其他社会服务消费，甚至给医保基金平稳运行带来较大压力，导致医保统筹基金和城乡居民医保基金出现当期赤字。进一步健全医疗费用控制机制，坚决遏制医疗费用不合理和过快增长势头是我国当前亟待解决的重大问题。

距离作为影响医疗资源可获得性（availability）、可接近性（accessibil-ity）、可容纳性（accommodation）、可负担性（affordability）和可接受性（acceptability）等的重要因素获得了学者的一批学者使用最小距离模型、最大覆盖模型、Huff 模型、两步移动搜索法等基于 GIS 地理信息的量化方法对医疗资源最优空间布局展开探讨；还有一批学者从医疗服务利用角度对距离衰减效应进行分析，通过比较就医距离和医疗服务利用之间的关系，进而寻求最佳医院布局。

然而，不论是基于 GIS 地理信息从资源最优配置角度，还是基于距离衰减效应从医疗公平角度考虑医疗资源的布局，距离均在患者理性、偏好不变的假设下以成本属性出现。而实际上，就医距离不仅会通过改变时间成本、交通费用影响患者前期的医疗服务利用决策，更可能由于信息不对称程度的提高，使个体在不确定环境下出现“损失规避”偏好而产生非理性医疗行为。例如，远距医院患者通常伴随着更高级别医院、更长住院时间更高的处方药概率等。

正因为如此，将距离效应从前端的医疗服务利用决策延伸到后端的诊疗行为，将距离影响从成本函数拓展到决策偏好，开展就医距离对医疗费用增长的研

---

❶ 数据来源于 2018 年 12 月 24 日财政部部长刘昆提请第十三届全国人大常委会第七次会议审议的《国务院关于财政医疗卫生资金分配和使用情况的报告》。http：//www. nbd. com. cn/articles/2018－12－24/1284867. html.

究，对于提高医疗资源使用效率，减少不合理医疗费用支出，显得尤为必要。本章使用 Charls 微观住院数据检验就医距离对医疗费用的影响，并进一步通过 Blinder-Oaxaca 分解剥离其中的非理性住院费用增长，在此基础上提出相应的对策建议。

4.2 理论机理：就医距离如何影响医疗费用

医疗服务利用存在距离衰减效应已经被多数研究证实❶，距离医疗设施越远，居民医疗服务利用率越低。造成这一现象的原因在于，生活在偏远地区的居民由于地理可及性、交通便利性等条件约束，在病情严重之前不太愿意选择去医院就医。远距离居民一旦入院往往伴随着更严重的病情。

与此同时，由于距离增加会增加信息不对称程度，在不确定的环境下，个体因为损失规避心理更容易出现非理性医疗行为，降低自身风险。Sohler、Clapis 将住院时间纳入 Jarvis 法则的分析框架，他们发现，距离医疗设施更远伴随着更长的住院时间。Miclutia 也认为，由于远距离患者再次入院的难度较大，一旦入院他们倾向于更长的住院时间。Smith 等对美国，Waddell、Dibley 对澳洲，Teke 等对土耳其的研究均证实距离与再次入院率之间的负向关系以及距离与住院时间的正向关系。吴文琪等人的研究表明，就医距离越远，患者越看中医院的技术水平。与此同时，Angulo 等采用 Heckman 选择模型的研究表明，距离对医疗费用的影响显著高于其对医疗服务利用率的影响，距离会提高医生开药品处方的概率。

由此来看，就医距离会从两个方面影响患者的医疗费用：（1）导致样本选择偏差，距离越远的患者病情往往更严重，距离会对医疗费用产生正向的线性影响；（2）损失规避心理导致的非理性医疗行为。距离越远，患者住院时间倾向越高、开处方药概率越高、越偏好水平更高的医院，距离会对医疗费用产生正向影响。

因此，当距离达到某一数值后，患者可能因为损失规避心理选择更好的医院、更长的住院时间、更多的处方药，导致其费用出现跳跃，即从图 4.1 中的 EXP_1 跳到 EXP_2，使其距离费用曲线呈现波段性。

因此，本章的论证分两步展开：首先利用回归模型，检验距离是否会对医疗费用产生非线性影响；之后，借鉴工资性别歧视分析理论，利用 Blinder-Oaxaca 分解法分解距离效应，估计上述影响机理中正常医疗需求和非理性医疗行为各自产生的合理性和不合理医疗费用大小。

---

❶ 但近期，Stulz 等人发现，距离衰减仅在门诊中显著存在，在住院医疗服务利用中并不存在（除了器质性精神障碍）。

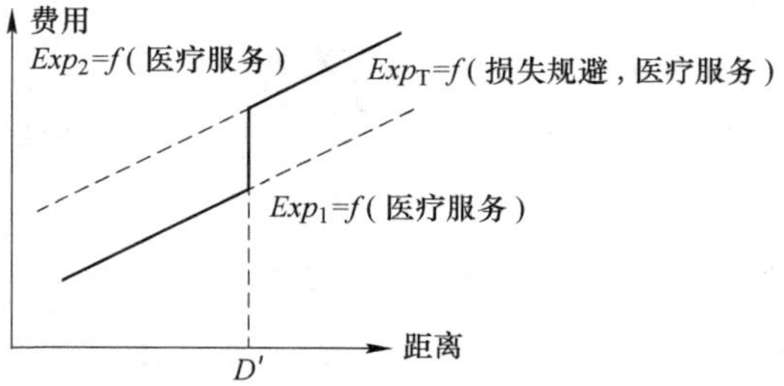

图 4.1　距离对医疗费用的影响

4.3　门槛回归实证分析

距离衰减效应相继在不同医疗服务领域得到验证，部分学者在此基础上进一步发现距离对医疗服务利用的影响并非一成不变，而是存在阈值效应。例如，Mwaliko 等人基于肯尼亚 3255 个家庭微观调查数据，利用热点分析和逻辑回归进行研究，结果显示生活在距离最近医疗机构 2km 范围内的家庭更有可能选择去医疗机构分娩，而超过 2km，距离对分娩地的选择没有显著性影响。Radclif 等人、Torres-Quintana 等人、McLaren 等人、Raknes 等人同样证实医疗服务利用存在距离门槛效应。鉴于距离与医疗服务利用可能存在某种“倒 U 形”关系，本节通过门槛回归模型验证是否存在某个临界值的门槛效应，进而估计距离对医疗费用的非线性影响。

4.3.1　模型设定

Tong 提出了时间序列门槛自回归模型（Threshold Auto-regression），通过门槛变量的分界点（即门槛值）区分不同的子样本，检验模型估计系数的稳健性。此后，Hansen 同时扩展了横截面和面板数据非线性门槛回归模型。通过建立门槛回归模型，可以有效估计不同区间的距离对医疗费用的影响。

借鉴 Hance 提出的门槛回归模型基本设定，结合医疗服务市场实际情况进行改进，建立如下门槛回归模型：

$$ME_i = \beta_0 + \beta_1 D_i I(d < \gamma_1) + \beta_2 D_i I(\gamma_1 \leqslant d < \gamma_2) + \cdots + \beta_{n+1} D_i I(\gamma_n \leqslant d) + \sum_{m=n+2}^{m} \beta_m X_i$$

式中　ME_i——医疗消费支出；

D_i——患者到医疗机构的距离；

X_i——个人特征的控制变量组；

γ——门槛值；

I——示性函数，即括号内条件为真，则取值为 1；反之，取值为 0。

4.3.2 数据与指标

由于收入、年龄、教育、医保类型、健康状况等个体特征与医疗费用支出存在正相关。为了更准确估计距离对医疗费用的影响，本节对上述变量进行控制。本节数据来源于2011年、2013年、2015年中国健康与养老追踪调查(CHARLS)，选取调查年度内发生过住院行为的全部样本。

在指标的选取方面，选择个人年工资收入与购买医保数量估计收入与医疗保险对医疗费用的影响。同时，考虑到自评健康不仅能够客观反映身体状况，而且与医疗服务利用率和医疗支出存在正相关关系，故选取自评健康状况衡量健康水平。结合CHARLS数据库数据结构，将医疗保险划分为城镇职工医保、城镇居民医保、新农合等10种类。基于样本量考虑，选取慢性病患者作为研究对象[1]。此外，考虑医院之间可能存在收费差异，故选择了医疗机构级别和诊疗项目两个变量加入回归模型中。

剔除核心解释变量（距离）和被解释变量（住院费用）存在缺失值的样本，其他控制变量值如存在少量缺失的情况，则使用SPSS插值法进行增补，最终获取样本量3867个。

门槛回归指标说明见表4.1。

表4.1 门槛回归指标说明

变量类型	变量符号	变量名称	变量说明
解释变量		距离	患者到就诊医疗机构的道路距离
控制变量	*gen*	性别	2=男性，1=女性
	age	年龄	Charls受访对象调查期年龄
	hea	自评健康	1=很好，2，…，5=很差
	chr	慢性病	目前患慢性病种数
	inc	收入	个人年工资收入
	edu	受教育程度	1=文盲，2，…，11=博士毕业
	ins	医疗保险	患者购买医保数量
	ran	医疗机构级别	1=县级，2=市级，3=省级，4=军队，5=其他
	pro	诊疗项目	最近住院接受治疗项目数
被解释变量	*ME*	医疗费用	最近一次住院行为发生的总费用

为了减少异方差，使数据保持更为平稳，先将年龄、收入、距离、医疗费用

[1] CHARLS将慢性病划分为高血压、高血脂、高血糖等14种类。

作相应对数变换。表 4.2 给出了门槛回归模型中各变量描述性统计信息。从表 4.2 可以看出，各样本对象中距离、收入等方面存在差别较大，主要原因在于：一是受访居民诊疗病情、当地医疗技术水平等存在差异，距离可能受到这些客观因素影响；二是受访居民平均年龄趋近于退休年龄，是有无工资收入的巨大分水岭，从而影响总体收入分布。

表 4.2　变量描述性统计

变量	平均值	标准差	最大值	最小值	观测值
ln*d*	2.3943	1.5114	9.2103	0	3867
gen	1.5006	0.5001	2	1	3867
ln*age*	4.1158	0.1688	4.5433	3.0445	3867
hea	3.9010	0.9667	5	1	3867
chr	1.7903	1.7165	10	0	3867
ln*inc*	1.3196	3.2631	12.1548	0	3867
edu	3.5128	2.3112	12	0	3867
ins	1.2596	0.5625	5	0	3867
ran	1.3157	0.7137	5	1	3867
pro	4.6667	1.6580	8	1	3867
ln*ME*	8.3979	1.1918	13.1224	3.6889	3867

4.3.3　门槛效应检验

为了建立门槛回归模型，首先需要检验门槛效应和确定门槛值。Hansen 通过 Bootstrap 自抽样方法得到一个模拟的 *F* 值，并计算相应的 *P* 值，来检验变量是否存在门槛效应。设定原假设为：H0：$\theta_1 = \theta_2$，由表 4.3 结果可知，在 1% 显著性水平下，通过 *F* 检验，可以拒绝原假设，认为 ln*dis* 存在单一门槛和双重门槛值。

表 4.3　门槛估计值及检验结果

门槛模型	门槛值	*F* 值	置信区间
单一门槛	$\gamma_1 = 1.3863$	59.6280①	[1.0986，1.4263]
双重门槛	$\gamma_2 = 5.9915$	38.8409①	[5.8611，6.8669]

注：1. Bootstrap 自抽样次数设定为 200 次；

2. ①表示在 1% 水平下显著。

通过 Bootstrap 自抽样确定变量 ln*dis* 存在门槛效应之后，借鉴 Hansen 构建一个极大似然比统计量 $LR(n)(\gamma)$。当 $LR(n)(\gamma) \leqslant -2\ln(1-\sqrt{\alpha})$ 时，可以估计

lndis 的门槛值置信区间。在 0.05 显著性水平下，分界值 $-2\ln(1-\sqrt{\alpha})$ 等于 7.35（对应图 4.2 虚线部分）。当 *LR* 值稳定小于分界值，且门槛值位于该置信区间内，此时估计的门槛值是有效的。利用 *LR* 曲线，经过第一轮门槛搜索，估计第一个门槛值等于 1.3862。由图 4.2 可知，不难发现在 ln*dis*≥1.3862 的子样本中，可能存在第二个门槛值。同样通过构建 *LR* 统计量，固定住第一个门槛值之后，展开搜索第二轮门槛值，最终估计结果显示第二个门槛估计值等于 5.9912（如图 4.3 所示）。由于 ln*dis*≥5.991 的样本量只有 58 个，无法再保证 Bootstrap 自抽样结果通过 *F* 检验，故不再分割子样本进行第三轮门槛值搜索。

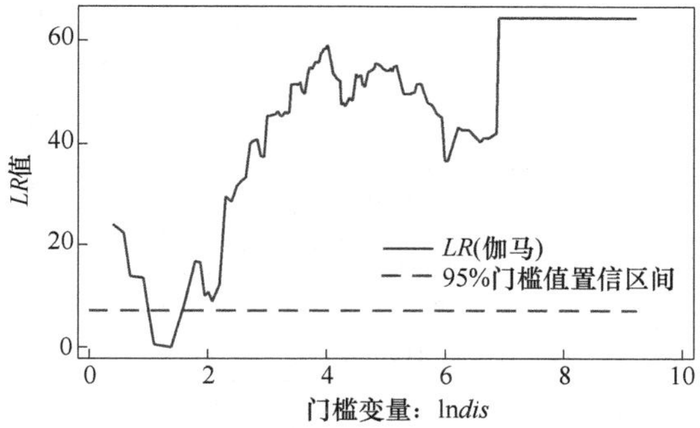

图 4.2　第一轮搜索：门槛变量（ln*dis*）

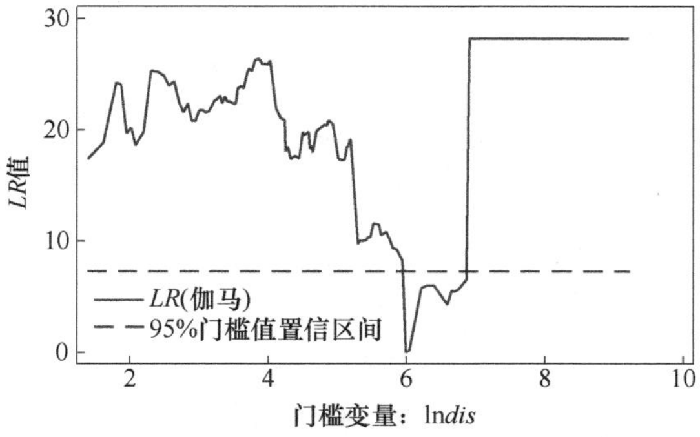

图 4.3　第二轮搜索：门槛变量（ln*dis*）

4.3.4 门槛回归估计结果

对上述门槛效应检验结果得出的门槛值取对数后，医疗费用为被解释变量，距离为门槛变量，同时考虑收入、教育等控制变量因素，分别建立单一和双重门槛回归模型，估计结果见表 4.4。

表 4.4　门槛回归估计结果

变　量	单一门槛模型	双重门槛模型
距离（$\ln d\leq\gamma_1$）	0. 1068②	
	(0. 0523)	
距离（$\gamma_1<\ln d$）	0. 1746①	
	(0. 0126)	
距离（$\ln d\leq\gamma_1$）		0. 1353②
		(0. 062)
距离（$\gamma_1<\ln d\leq\gamma_2$）		0. 1864①
		(0. 014)
距离（$\gamma_2<\ln d$）		0. 3151①
		(0. 023)
gen	−0. 1471①	−0. 1475①
	(0. 0348)	(0. 0357)
ln*age*	0. 4091①	0. 4115①
	(0. 1087)	(0. 1100)
chr	−0. 0140	−0. 0132
	(0. 0101)	(0. 0110)
ln*inc*	0. 0064	0. 012③
	(0. 0054)	(0. 0063)
edu	0. 0342①	0. 0341①
	(0. 0076)	(0. 0081)
ins	−0. 0888①	−0. 0891①
	(0. 0302)	(0. 0315)
ran	0. 2499①	0. 2504①
	(0. 0241)	(0. 0254)
pro	0. 2303①	0. 2301①
	(0. 0103)	(0. 0131)
调整后的 R^2	0. 23	0. 3015
样本量	3867	3867

注：1. ①、②、③分别表示在 1%、5%、10% 的显著性水平下通过显著性检验；
2. 括号里为标准误差。

在单一门槛模型下，当 ln*dis* 小于门槛值 1. 3863（实际距离值为 4km）时，距离对医疗费用的弹性系数为 0. 1068；当 ln*dis* 大于 1. 3863，距离对医疗费用的弹性系数为 0. 1746，且分别在 5%、1% 显著性水平下通过检验。从单一门槛回归估计结果可以看出，患者到医疗机构的距离增加会导致一定程度上医疗费用增长，尤其是当距离超过 4km 后，这种距离效应对医疗费用的影响会表现更为明显。

在双重门槛模型下，ln*dis* 两个不同的门槛值将样本分割成三个不同的距离区间子样本，清晰呈现不同的距离区域对医疗费用的影响。当 ln*dis* 小于第一重门槛值 1.3863 时，患者到医疗机构平均距离每增加 1%，将使医疗费用增加 0.1353%；当 ln*dis* 处于第一重门槛值 1.3863 和第二重门槛值 5.9915（实际距离值为 400km）区间内，患者到医疗机构距离的增加会使医疗费用更进一步增长，该距离区域的弹性系数为 0.1864。当 ln*dis* 跨过第二重门槛值时，距离对医疗费用的弹性系数增加到 0.3151，且在 1% 显著性水平下具有统计学意义。对比前两个距离区域，意味着当距离超过 400km 后，医疗费用将以更快的速度增长。

无论在单一门槛模型还是双重门槛模型中，控制变量与医疗费用的关联性没有表现相互冲突性，只是回归系数存在细微差别。门槛回归估计结果显示，女性平均医疗费用要显著高于男性，年龄、收入、受教育程度、医院级别、诊疗项目对医疗费用具有一定的刺激作用，这与部分学者对医疗费用影响因素的估计结果具有一致性。此外，比较有趣的是两次门槛回归模型中，医疗保险与医疗费用呈现显著负向影响。本书认为究其主要原因，在 45 岁以上中老年人群体中，普遍拥有新农合、城镇居民医保、城镇职工医保等社会基本医保条件下，购买商业医疗保险、二次补偿保险等补充性医保险种由于起付线高、报销范围等限制性因素，可能没有起到较明显的保障作用。

综上所述，距离对医疗费用存在非线性影响，且不同地理区域之间距离效应呈现较大差异。具体而言，当患者到医疗机构的实际距离超过 4km 后，医疗费用的距离效应较近距离患者更为凸显。当患者到医疗机构的实际距离超过 400km 后，医疗费用的距离效应在远距离患者中进一步扩大。

那么，是什么因素导致不同地理区域的医疗费用差异？这种差异是由病种病情等客观因素主导，或是患者和医生非理性诊疗选择行为决定？其内在作用机理如何？本章进一步对图 4.1 中的距离对医疗费用影响机理进行验证分析。

4.4 距离效应分解：基于 Blinder-Oaxaca 分解法[1]

性别工资差异分析方法中的 Blinder-Oaxaca 分解法为分析距离效应对医疗费用的影响内在机理提供了参考。本节将性别、年龄、收入、病情等群体特征禀赋差异导致的距离医疗费用差异界定为合理差距，不可解释部分视为因患者和医生非理性诊疗选择行为导致的不合理费用。

假设 ME_n 表示距离≤4km 的患者医疗费用支出，ME_l 表示距离>4km 的患者

[1] 由于篇幅所限，只选取 4km 门槛值作 Blinder-Oaxaca 分解。

医疗费用支出，X_n、X_1 分别表示对应两个距离组的解释变量，β_n、β_1 分别表示对应两个距离组的回归系数，通过最小二乘法得到两个距离组子样本的平均对数医疗费用支出回归方程：

$$\ln(ME_n) = X_n\beta_n \tag{4.1}$$

$$\ln(ME_1) = X_1\beta_1 \tag{4.2}$$

根据式（4.1）、式（4.2），两组距离子样本平均对数医疗费用差异为：

$$\overline{\ln(ME_1)} - \overline{\ln(ME_n)} = (\overline{X_1} - \overline{X_n})\beta_n + \overline{X_1}(\beta_1 - \beta_n) \tag{4.3}$$

式（4.3）右边第一个式子 $(\overline{X_1}-\overline{X_n})\beta_n$ 表示两组距离的群体特征差异引起的医疗费用支出不同，属于可解释部分，本次模型涉及的群体特征变量主要有性别、年龄、收入、病情等个人禀赋要素；第二个式子 $X_1(\beta_1-\beta_n)$ 表示系数效应，反映的是因患者到医疗机构的距离差异而引起医疗费用不同，描述的是不合理医疗费用的差异，属于不可解释部分。

4.4.1　距离组间医疗费用差异的描述性统计分析

为了直观反映以 4km 为分界线的距离组间医疗费用和群体特征差异，首先做了不同距离群体特征描述性统计分析（表 4.5）。

表 4.5　不同距离群体特征描述性统计

变量	样本量		平均值		标准差		最大值		最小值	
	dis_n	dis_1	dis_n	dis_1	dis_n	dis_1	dis_n	dis_1	dis_n	dis_1
gen	1172	2695	1.5017	1.5002	0.5002	0.5001	2	2	1	1
ln*age*	1172	2695	4.1362	4.1069	0.1681	0.1683	4.5433	4.5326	3.3673	3.0445
hea	1172	2695	3.8131	3.9391	0.9728	0.9618	5	5	1	1
chr	1172	2695	1.9087	1.7388	1.7706	1.6902	10	9	0	0
ln*inc*	1172	2695	1.4178	1.2769	3.4068	3.1982	12.1548	11.9184	0	0
edu	1172	2695	3.6075	3.4716	2.2327	2.3437	12	12	1	0
ins	1172	2695	1.1834	1.2928	0.5125	0.5799	4	5	0	0
ran	1172	2695	1.2594	1.3403	0.6823	0.7258	5	5	1	1
pro	1172	2695	4.4360	4.7670	1.6701	1.6429	8	8	1	1
ln*ME*	1172	2695	8.0738	8.5389	1.2628	1.1312	13.1224	12.7367	3.6889	4.3820

通过两距离组间对比发现，超过 4km 之外的患者群体在自评健康、医保、医院级别、诊疗项目等方面的平均值要明显高于 4km 之内的患者群体，在慢性病、收入等方面平均值要明显低于对方，而性别、年龄方面两者群体差异较小。医疗费用方面，超过 4km 之外的患者群体平均对数医疗费用支出比 4km 之内的患者

群体高于 0.46（平均医疗费用差异 4341.01 元）。从描述性统计结果来看，以 4km 为分界线的距离组间医疗费用存在较大的差异，下面有必要进一步检验各自特征变量对医疗费用的影响程度，这有利于医疗费用的影响机理分析。

4.4.2 不同距离的医疗费用影响因素分析

为了比较以 4km 为分界线的距离组间群体特征变量对医疗费用的影响程度变化，本节利用最小二乘法做了两步回归（表 4.6）。

表 4.6 距离分组医疗费用 OLS 回归估计结果

变 量	dis_n	dis_l
gen	−0.1260②	−0.1872①
	(0.0628)	(0.0417)
ln*age*	0.4879①	0.1802③
	(0.2054)	(0.1041)
hea	−0.0199③	0.0233③
	(0.0121)	(0.0137)
chr	0.0139	−0.0287②
	(0.0190)	(0.0126)
ln*inc*	0.0205②	−0.0037
	(0.0100)	(0.0066)
edu	0.0447①	0.0291①
	(0.0149)	(0.0090)
ins	−0.1348②	−0.0658②
	(0.0635)	(0.0350)
ran	0.3318①	0.2859①
	(0.0476)	(0.0279)
pro	0.3095①	0.2033①
	(0.0195)	(0.0123)
常数项	4.4730①	6.6741①
	(0.9051)	(0.5688)
调整后 R^2	0.24	0.15
样本量	1172	2694

注：1. ①、②、③分别表示在 1%、5%、10% 的显著性水平下通过显著性检验；

2. 括号里为标准误差。

通过对比 OLS 两步回归结果发现，当距离超过 4km 后，女性与平均医疗费用支出正相关程度会更高，年龄越大会带来医疗费用支出越多，但这种影响作用随着距离增加在减弱。出现这种现象，或许在慢性病因素上可以获得解释。当距离小于4km时，慢性病与年龄对医疗费用呈现不同程度正向影响，这与现实情况是一致的；当距离超过4km后，慢性病对医疗费用存在显著负向影响，说明患者对慢性病治疗可能更倾向于选择近距离的医疗机构。收入在近距离样本中对医疗费用呈现显著正向影响，但在远距离患者中表现负相关，但未通过显著性检验。此外，两距离组间关于教育、医保、医院级别、诊疗项目对医疗费用的正负相关性具有一致性，值得一提的是，对于4km之内的患者群体这些特征变量对医疗费用的影响程度，都大于超过4km的患者群体。这说明，超过4km后，随着距离的增加，教育、医保、医院级别、诊疗项目等特征变量对医疗费用的影响程度开始下降，代之未观测的变量或不可描述解释的因素对医疗费用的影响系数开始增加，即这些难以描述解释清楚的医疗费用变化部分很可能为非理性选择行为带来的不合理医疗费用部分。

4.4.3　距离组间医疗费用差异的 Blinder-Oaxaca 分解

通过前面描述性统计和两步OLS回归，可以初步判断平均医疗费用支出存在以4km为分界线的距离差异，且得出各特征变量对距离组间医疗费用的影响程度。那么，导致医疗费用距离差异的因素到底有哪些？起关键性作用的因素有哪些？医疗费用距离差异表现的不合理程度有多大？本节借鉴工资性别歧视分析理论方法，利用 Blinder-Oaxaca 分解法作了必要的实证分析，表4.7即为医疗费用距离差异的 Blinder-Oaxaca 分解结果。

表4.7　Blinder-Oaxaca two-fold 和 detailed 分解结果

变量	总差异	特征差异		系数差异	
		差异	百分比/%	差异	百分比/%
gen	-0.0916	0.0002	0.04	-0.0918	-19.74
ln*age*	-1.2776	-0.0081	-1.74	-1.2695	-273.01
hea	0.1676	0.0011	0.24	0.1665	35.81
chr	-0.0764	0.0024	0.52	-0.0788	-16.95
ln*inc*	-0.0338	-0.0006	-0.13	-0.0332	-7.14
edu	-0.0603	-0.0047	-1.01	-0.0556	-11.96
ins	0.0745	-0.0094	-2.02	0.0839	18.04
ran	-0.0348	0.0243	5.23	-0.0591	-12.71
pro	-0.4038	0.0786	16.90	-0.4824	-103.74
常数项	2.2012	—	—	-2.2012	473.38
合计	0.4650	0.0839	18.04	0.3811	81.96

如表 4.7 所示，平均对数医疗费用支出距离组间总差异为 0.4650，即超过 4km 的平均对数医疗费用支出大于 4km 内 0.4650。其中，平均对数医疗费用支出距离组间总差异的 18.04% 可由他们在各项特征、禀赋上的差异所解释，这部分差异属于可解释部分；剩下 81.96% 表明两类距离组间群体的系数差异属于不可解释部分。

对于可解释部分发现：

第一，两类距离组间群体的诊疗项目差异对平均对数医疗费用差异的影响程度为 0.0786，可以解释他们的平均对数医疗费用差异的 16.90%，且在特征差异中解释程度最大。说明，随着距离增加，患者由于病情严重性等客观因素接受了更多的诊疗项目，导致医疗费用的增加。

第二，两类距离组间群体的医院级别差异对平均对数医疗费用差异的影响程度为 0.0243，可以解释他们的平均对数医疗费用差异的 5.23%，在特征差异中解释程度仅次于诊疗项目。说明，随着距离增加，患者由于病情严重性等客观因素更愿意选择医疗技术水平高、级别更高的医院，从而也导致医疗费用的增加。此外，具有相同方向关联性的特征变量还有自评健康、慢性病。

第三，两类距离组间群体的年龄、收入、教育、医保等方面差异对平均对数医疗费用差异的贡献为负，说明年龄、收入、教育、医保等特征因素对远距离的医疗费用正向影响程度要低于近距离患者群体，甚至随着距离增加，这种正向影响会消失，呈现反作用。

对于不可解释部分发现：

第一，自评健康系数效应对两类距离组间平均对数医疗费用差异的贡献为 35.81%。说明两类距离组间自评健康系数差异较大，在同一健康水平条件下，超过 4km 远距离患者发生的医疗费用支出要高于小于 4km 的近距离患者。通过自评健康可以反映患者一定病情状况，两类距离组间自评健康系数差异较大，证明了除了病情严重性等客观因素，远距离患者因非理性就医选择行为或医生行为也会导致不合理医疗费用的增加。

第二，对数年龄系数效应对两类距离组间平均对数医疗费用差异的贡献为 −273.01%。说明两类距离组间对数年龄系数差异最大，在相同年龄条件下，年龄对近距离患者的医疗费用促进作用要高于远距离患者。换言之，因年龄变化释放的正常医疗需求在远距离患者中表现更不明显。

第三，两类距离组间常数项差异对平均对数医疗费用差异的贡献为 473.38%。这说明，发生医疗支出的远距离患者中省略组要高于近距离患者中省略组的医疗支出水平更高。

综上所述，以 4km 为分界线的距离组间医疗费用差异，其内在影响机制，既有年龄、收入、自评健康等变量的特征效应，又有反映非理性就医选择行为或医生行为的系数效应。其中，这种难以用特征差异所描述的不可解释部分，对距离组间平均对数医疗费用差异的影响程度起到较大的作用，即非理性就医选择行为或医生行为在远距离患者中表现更为明显。

4.5 研究结论与政策启示

就医距离不仅会通过改变时间成本、交通费用影响患者的医疗服务利用决策，更可能由于信息不对称程度的提高，使患者在不确定环境下出现“损失规避”偏好的非理性行为，进而导致不合理的医疗费用增长。本章首先运用门槛回归模型分析了距离对医疗费用的非线性影响，然后利用工资性别歧视的 Blinder-Oaxaca 分解法，从距离的视角检验了非理性的就医选择行为或医生行为对医疗费用的影响程度。最终得出两个主要研究结论：（1）距离对医疗费用存在非线性影响，且越过第一个门槛值 4km 后，距离效应对医疗费用的正向影响程度会变大；（2）非理性就医行为或医生行为在远距离（超过 4km）患者中与不合理医疗费用的正相关性更为强烈，而年龄、收入、性别等特征变量释放的正常医疗需求更凸显在近距离患者中。上述研究结论的政策启示是明确的：应保障城乡居民能在 4km 辐射范围内享受基本医疗卫生服务，其意义在于：

第一，有助于提高农村地区的医疗公平性。医疗机构分布一定程度影响医疗卫生服务的可及性，尤其是距离较远的农村居民面临支付较高的医疗卫生成本，最终可能放弃某种医疗消费。这不仅损害广大农村居民的医疗消费福利，而且会降低城乡二元结构医疗公平性。因此，有必要结合距离、人口结构、交通便利程度等因素，优化配置农村地区医疗资源，保证医疗机构的合理分布，切实保障城乡居民能在 4km 辐射范围内享受基本的医疗卫生服务。

第二，减少非理性医疗消费行为，缓解我国医疗卫生支出不断增长的压力。Blinder-Oaxaca 分解实证结果表明，超过 4km 后，距离越远，因患者住院偏好或医生行为导致不合理住院费用大大增加。因此，保证城乡地区医疗服务的可及性，同时提高市县级医疗机构诊疗技术水平，有助于缩减患者看大病的就医距离，减轻患者与医生之间信息不对称程度，从而减少非理性医疗消费行为，有利于缓解我国日益严峻的医疗控费压力。

5 城乡居民医保一体化下的医疗费用变化

本章基于江西省 G 市 N 区 2015 ~ 2017 年城乡居民医疗费用数据，探索患者医疗费用变化趋势及特征。

5.1 研究背景

2016 年 1 月，国务院发布《关于整合城乡居民基本医疗保险制度的意见》，提出整合城市居民基本医疗保险和新型农村合作医疗，建立统一的城乡居民基本医疗保险制度，实行“城乡居民医保一体化”。城乡居民基本医疗保险制度的整合能更好地使公民享受平等的权利、更加有效地配置医疗资源、增强医疗保险基金抵抗风险的能力。虽然有研究表明，由低档次医保转为高档次医保能提高居民健康水平，促进居民医疗服务利用，提高患者实际报销比例；然而，国外有研究表明，医疗保险控费方式改革会改变医疗供给行为，导致患者医疗费用结构变化，最终造成参保居民福利损失。

那么，城乡居民医保一体化究竟会对医疗费用产生怎样的影响？它能否解决原有新农合制度下医疗支付快速增长与参保人员自付费用未能下降的难题？是否也会导致医疗费用结构变化？城乡居民医保一体化背景下医疗费用变化的研究，关乎该制度的平稳运行和我国医疗体系改革的方向，具有重要的理论价值和实际意义。

本章以江西 G 市 N 区为例，对上述问题进行回答，以期了解城乡居民医保一体化背景下医疗费用趋势，并为开展其他地区类似研究提供参考。

5.2 城乡居民医保一体化背景下医疗费用变化趋势分析

自 2016 年 1 月国务院明确提出城乡居民医保一体化目标后，各地市纷纷发布相关政策，截至 2016 年底，全国有 30 个省市区出台了整合城乡居民基本医保制度的政策文件，对具体工作实施细则作出了详细的部署。由于各地区城乡居民医保一体化政策实施时间、内容存在一定差异，难以从全国层面对政策效果进行有效评价。鉴于数据的可获得性，以 G 市 N 区为例，从医疗费用支出总体变化、医疗供给结构差异两个方面分析城乡居民医保一体化政策实施后医疗费用支出的变化特征。

2017 年 1 月 1 日，G 市开始全面实施统一的城乡居民医保制度。本章将 2015 ~ 2016 年划分为 N 区城乡居民医保一体化政策实施前时间段，2017 年为 N

区城乡居民医保一体化政策实施后时间段，分析城乡居民医保一体化政策背景下医疗费用变化趋势与特征。数据主要来源于G市N区医疗保险管理局和N区政府信息公开平台。

5.2.1　医保基金收入不足额，支出总体平稳，使用率略有下降

按照N区城乡居民基本医保人均筹资标准，忽略N区出生率和死亡率的短期影响，2015～2017年医保基金应筹资总额为37678.5万元、42962.4万元、47736.0万元。对比N区城乡居民基本医疗保险基金收支情况（表5.1）发现：

（1）2015～2016年城乡居民基本医保基金实际收入小于应筹资总额。导致这一现象的主要原因是各级财政补助资金存在未及时到位情况。

（2）2017年医保基金实际收入大幅增长，且大于应筹资总额2017年医保基金实际收入。导致这一现象的原因在于：一是2017年人均筹资标准大幅提高，相比2016年人均提高60元，导致筹资总额迅猛增长；二是近两年应收的财政资金入账以及追缴部分保费，也导致当年基金收入较快增长。

表5.1　N区城乡居民基本医疗保险基金收支情况

年份	城乡居民基本医保基金实际收入/万元	城乡居民基本医保基金应筹资/万元	城乡居民基本医保基金支出/万元	基金使用率/%
2015	36943.40	37678.50	34819.55	92.41
2016	39089.19	42962.40	41064.70	95.58
2017	49046.27	47736.00	41078.44	86.05

关于基金支出方面，2015～2017年N区城乡居民基本医保基金医疗卫生支付总体平稳，其中2015～2016年医保基金支出总额出现较大增长，其主要原因在于，相比2015年，新农合人均筹资标准大幅提高，人均提高70元，此外同期城镇居民医保人均增加40元标准。

而基金使用率与基金支出呈现相反特征。2015～2017年N区医保基金使用率分别为92.41%、95.58%、86.05%，2017年城乡居民基本医保基金使用率出现迅速下降。

导致这种现象的可能原因在于：一是近两年各级财政补助资金出现不同程度的未及时到位现象，医保经办机构出于平衡基金收支，严格控制各级定点诊疗机构门诊、住院费用总额预付指标；二是2017年N区城乡居民医保制度整合进入关键时期，医保经办机构、定点医疗服务机构、参保居民处于新制度适应期，一定程度影响了医保基金结算效率。此外，经办机构可能出于保证新旧医保制度平稳过渡的需要，为维护统一后的医保基金安全运行，严格医保费用的审核程序，

特别是对参保居民较高监督成本的异地诊疗行为的费用审核结算。

5.2.2 筹资水平持续提高，农村居民个人缴费增幅大于收入增幅

2012~2016 年 N 区城乡居民人均可支配收入实现稳定增长，其中 2012~2013 年城镇居民人均可支配收入增长速度大于农村居民，与之对应的 2012 年参保城镇居民的筹资标准年增长率也大于参合农村居民。与此同时，N 区城乡参保居民筹资标准年均增长率达 10% 以上，尤其是新农合筹资标准连续 4 年增长率超过 14%（表 5.2）。

表 5.2 N 区人均可支配收入与人均筹资标准情况表

年份	人均可支配收入/元		收入年增长率/%		人均筹资标准/元		筹资年增长率/%	
	农村居民	城镇居民	农村居民	城镇居民	新农合	城镇医保	新农合	城镇医保
2012	5728	15914	13.1	14.0	290	343	11.5	17.1
2013	6413	19519	12.0	22.7	340	383	17.2	11.7
2014	7278	21642	13.5	10.9	390	423	14.7	10.4
2015	8237	23676	13.2	9.4	470	500	20.5	18.2
2016	9166	25720	11.3	8.6	540	540	14.9	8.0

如图 5.1 所示，2013~2016 年城镇居民可支配收入增长速度放缓，年增长率逐渐降低，排除 2015 年城镇居民医保统一未成年人与成年人筹资标准的政策干扰因素，城镇居民医保人均筹资标准增长趋势与城镇居民可支配收入增长趋势基本保持一致。而 2013~2016 年农村居民筹资标准增长率增长速度也远远高于农村居民可支配收入增长率，且变化波动较大，未与 N 区农村居民可支配收入增长率一样呈现温和增长态势。

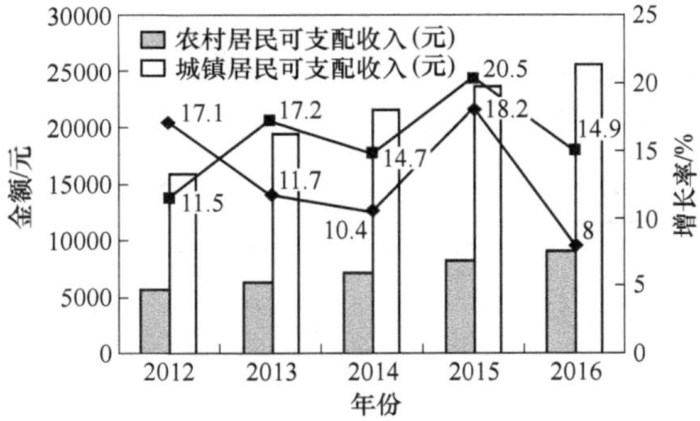

图 5.1 N 区城乡居民收入与筹资标准变化

为了进一步说明 N 区城乡居民基本医保筹资标准差异，根据表 5.2 的基础数据计算了城乡居民收入差距和城乡医保筹资标准差距两个指标，并且以 2012 年为基期分别计算了两个指标 2013~2016 年增长率。N 区城乡居民可支配收入差

距与参保筹资标准差距如图 5.2 所示。

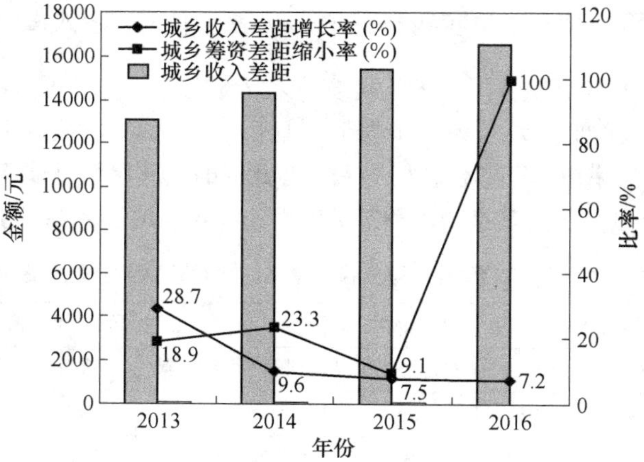

图 5.2 N 区城乡居民收入差距与筹资差距对比

从图 5.2 可以直观看出，N 区城乡居民基本医保筹资差距缩小率变化幅度未与城乡居民收入水平差距增长率降低速度保持一致。因此，这种城乡筹资标准差距的迅速弥补对近年来收入增长幅度较小的农村居民而言其医疗保险收入需求弹性反应更大。

5.2.3 平均住院费用下降，特殊门诊平均费用增长

2015 ~2017 年 N 区城乡居民基本医保统筹基金报销人数分别为 6144 人、7559 人、33725 人，其中成年人就诊人数显著高于未成年人，特别是 2017 年成年人就诊人数增加比例扩大明显。究其主要原因：一是 2017 年城乡居民医保整合工作的推进，许多曾经欠缴中断参保的城乡居民重新参保，扩大了参保人群范围；二是 N 区实行统一的城乡居民医保制度，执行统一的补偿待遇后，扩大医保药品、病种目录，有力地释放了参保城乡居民的医疗需求，特别是农村居民（见表 5.3）。

表 5.3 N 区参保城乡居民医疗服务平均消费情况

年份		参保城乡居民/人		平均住院费用/元		平均特殊门诊费用/元	
		未成年人	成年人	未成年人	成年人	未成年人	成年人
2015	数值	2039	4105	5430.28	11030.88	26.56	986.23
	比例/%	33.2	66.8	33.0	67.0	2.6	97.4
2016	数值	2814	4745	5200.58	11442.13	24.82	1100.23
	比例/%	37.2	62.8	31.2	68.8	2.2	97.8
2017	数值	6966	26759	5013.02	9398.35	63.37	1123.11
	比例/%	20.7	79.3	34.8	65.2	5.3	94.7

2015~2017 年 N 区参保城乡居民平均发生住院费用分别为 16461.16 元、16642.71 元、14411.37 元，其中 2017 年参保城乡居民总体住院费用增加，但平均住院费用呈现下降趋势，表明并轨后城乡居民医保重视医疗住院费用控制，且取得一定成效，特别是成年人平均住院费用下降明显。

2015~2017 年 N 区参保城乡居民平均特殊门诊费用分别为 1012.79 元、1125.05 元、1186.48 元，其中 2017 年参保城乡居民不仅总体特殊门诊费用增加，而且平均特殊门诊费用也出现增长，实现特殊门诊费用“双增长”。究其原因主要是 N 区城乡居民医保整合后，规定门诊特殊慢性病目录扩大，充分释放了城乡居民门诊医疗需求。从 N 区特殊门诊费用分别基于未成年人和成年人统计情况来看，2017 年未成年人平均特殊门诊费用相比 2015 年、2016 年增长速度较快，成年人平均特殊门诊费用增长速度趋缓，但费用依然在增加。

5.2.4 普通住院、特殊门诊服务供给旺盛，大病诊疗服务水平有待提高

根据 G 市城乡居民基本医保制度相关规定，在符合城乡居民基本医保药品、诊疗服务、病种目录范围下，无论是住院费用还是特殊门诊费用，都可以通过统筹基金报销、大病基金报销、个人自费、个人自付等四种渠道偿付。其中城乡居民基本医保按照人均筹资标准成立医保统筹基金，分住院、门诊统筹双向管理；此外根据大病保险筹资标准单独成立大病保险基金，用于大病统筹保障，且大病保险资金由医保统筹基金划入，不另行征缴。2017 年 N 区大病保险筹资标准为 40 元/人。此外，个人自理与个人自付费用既有联系又存在区别。个人自理是指超出医保报销目录外全部由个人承担的费用；个人自付一般指起付线以下或超出封顶线外的可报销费用。无论是个人自理还是个人自付费用都将由个人账户或个人现金支付。N 区 2015~2017 年参保城乡居民医疗费用报销结果（见表 5.4）。

表 5.4 N 区参保城乡居民医疗费用报销情况

年份	住院费用/元				特殊门诊费用/元				
	统筹基金	大病基金	个人自费	个人自付	统筹基金	大病基金	个人自费	门诊外个人自付	门诊内个人自付
2015	4986.19	276.86	1058.59	2593.56	317.50	51.74	5.50	61.50	231.50
2016	4997.34	288.51	1121.97	2496.64	319.66	74.11	5.68	59.57	240.87
2017	4888.60	112.72	1100.58	2049.48	388.82	32.83	82.94	119.71	279.92

由表 5.4 可见，在住院费用中，统筹基金支付的普通住院费用部分在住院总费用中占据很大的比重。此外，2017 年统筹基金支付的平均住院费用相比 2016 年下降 2.2%，个人偿付部分下降 12.9%，说明 N 区城乡居民医保整合后住院费用控制执行更为严格。

关于特殊门诊费用，门诊统筹基金虽然对特殊慢性病门诊费用提供一定报销

补偿，但个人偿付部分仍然占据特殊门诊总费用中较大比重，其中 2017 年门诊统筹基金对于特殊慢性病平均补偿费用和个人偿付部分都出现较快水平增长，说明特殊门诊费用正急剧增长。

5.2.5　未成年人医疗费用支出增长速度加快

2017 年成年人居民通过住院统筹基金、大病基金报销的平均住院费用下降比率明显大于未成年居民，而整合前 2015 ~ 2016 年参保城乡居民成年人平均住院费用增长比率明显大于未成年居民，见表 5.5。

表 5.5　N 区参保城乡居民医疗费用报销结构年龄分布状况

年份		住院费用/元				特殊门诊费用/元				
		统筹基金	大病基金	个人自费	个人自付	统筹基金	大病基金	个人自费	外个人自付	个人自付
2015	未成年	2676.4	82.2	786.5	1074.9	13.6	0	0.8	3	9.2
	成年人	6133.5	373.5	1194.7	3035	468.5	77.5	7.8	90.6	341.9
2016	未成年	2701.8	67.8	776.3	1563.5	13.2	0	0.4	2.4	8.8
	成年人	6358.7	419.4	1327	3050	501.4	118.1	8.8	93.5	378.5
2017	未成年	2560.4	58.3	827.5	1462.9	23.8	7.3	6.7	6.5	19.1
	成年人	5494.7	126.9	1171.7	2202.2	483.8	39.5	102.8	149.2	347.8

由于特殊慢性病多发于中老年人，疾病的特殊性让成年人在特殊门诊费用补偿对象中占绝大多数，且 2017 年特殊门诊平均费用支出出现小幅下降，综合来看参保城乡居民成年人对特殊慢性病门诊服务需求依旧旺盛。但令人意外的是，2017 年未成年人在各项特殊门诊平均费用支出表现强劲增长，其主要原因可能是环境问题导致慢性病向年轻人群体蔓延和城乡居民医保一体化政策让更多未成年居民纳入医保范畴，特别是广大学生群体，极大释放了未成年人的医疗需求。

5.3　城乡居民医保一体化对医疗费用影响的实证分析

由 5.2 节分析可以初步判断 N 区城乡居民医保整合对医疗费用支出存在一定的影响，尤其是门诊特殊费用和大病保险费用具有明显转移变化。本节采用单因素方差方法验证城乡居民医保一体化对医疗费用变化的影响。

5.3.1　数据来源及基础指标说明

数据来源于江西省 G 市 N 区医疗保险管理局统计 2015 ~ 2017 年参保城乡居民医疗消费实际情况，共获取有效样本 47428 个。选取的主要基础指标有参保时间、参保人员年龄（成年人与未成年人）、是否统一城乡居民基本医保、住院总费用、住院统筹基金支付费用、住院大病保险支付费用、住院个人自费、住院个人自付、特殊门诊总费用、特殊门诊统筹基金支付费用、特殊门诊大病基金支付费用、特殊门诊个人自费、特殊门诊外个人自付、特殊门诊内个人自付等14个指标。其中，将“是否统一城乡居民基本医保”指标赋值为1代表“统一城乡居民基本医保”；赋值为0代表“未统一城乡居民基本医保”。此外，其他13个指标值都由N区医疗保险管理局直接统计提供。

5.3.2 单因素方差分析

“是否统一城乡居民基本医保”指标是一个标准的分类变量，各种住院、特殊门诊支付费用都是连续性变量，为了验证住院、特殊门诊医疗费用在整合城乡居民医保前后是否存在差异变化，可以考虑采用单因素方差分析。

单因素方差分析适用于处理一个因素干预下的观察变量总体均值的差异分析，处理因素要求是分类变量，观察变量是连续性变量，此外单因素方差分析还要求比较严格的方差齐次性。使用单因素方差分析，首先需进行方差齐次性检验，通过检验才可以继续使用方差分析，否则将采用修正后的单因素方差分析模型。使用SPSS 22.0统计软件对样本观察变量检验是否满足方差齐次性。方差齐次性检验的原假设是在各α水平下观测变量总体方差具备齐次性（方差无显著差异）。

检验结果见表5.6，在显著性水平$\alpha=0.05$下，只有住院总费用显著性P值大于0.05，说明住院总费用指标通过方差齐次性检验，其他观测指标均未通过，即单因素方差分析模型存在异方差问题。

表5.6 单因素方差分析齐次性检验结果

参数	住院费用					特殊门诊费用				
	总费用	统筹基金	大病基金	个人自费	个人自付	总费用	统筹基金	大病基金	个人自费	个人自付
Levene统计量	0.868	9.850	81.795	7.637	94.590	60.455	29.760	26.618	297.739	80.680
显著性	0.352	0.002	0.000	0.006	0.000	0.000	0.000	0.000	0.000	0.000

异方差下检验两个总体均值差异目前主要的解决方法有极大似然PB检验、Welch检验、广义F检验，其中Welch检验由于精确度高、计算方便等优点，广泛运用于样本量适中或较大情况下的异方差单因素方差分析。

计算Welch检验结果见表5.7，在$\alpha=0.05$显著性水平下，住院费用统筹基金和个人自费承担的部分P值大于0.05，所以未通过Welch检验，即认为N区城乡居民医保整合对住院费用统筹基金报销费用和个人自费支出部分没有显著性影响，住院总费用、住院个人自费、住院个人自付部分以及所有特殊门诊费用的

显著性检验 P 值均小于 0.05，检验结果表示 N 区城乡居民医保整合前后住院总费用、住院费用大病保险保销费用、个人自付部分和所有特殊门诊费用的均值均有显著性差异。

表 5.7 单因素方差分析 Welch 检验结果

参数	住院费用					特殊门诊费用				
	总费用	统筹基金	大病基金	个人自费	个人自付	总费用	统筹基金	大病基金	个人自费	个人自付
统计量 α	9.747	1.333	15.782	0.030	86.656	31.726	17.225	4.490	217.315	41.842
显著性	0.002	0.248	0.000	0.863	0.000	0.000	0.000	0.034	0.000	0.000

5.4 “两保合一”对医疗费用支出的影响——基于断点回归分析

基于“两保合一”政策前后医疗费用支出变化分析，可以初步判断 N 区城乡居民医保整合对医疗费用支出存在一定的影响，尤其是门诊特殊费用和大病保险费用具有明显转移变化。明确“两保合一”政策背景下医疗费用变化新形势，有利于将来城乡居民医保集中人力、物力资源解决主要医疗费用控制问题。为了进一步探索“两保合一”政策对医疗费用支出的具体影响机制，同时验证第 4 章关于医疗费用变化的基本研究结论，本节采用断点回归分析“两保合一”政策对医疗费用支出的影响。

5.4.1 数据来源及基础指标说明

数据来源于江西省 G 市 N 区医疗保险管理局统计 2015 ~ 2017 年参保城乡居民医疗消费实际情况，共获取有效样本 47428 个。本节选取主要基础指标有参保时间、参保人员年龄（成年人与未成年人）、是否统一城乡居民基本医保、住院总费用、住院统筹基金支付费用、住院大病保险支付费用、住院个人自费、住院个人自付、特殊门诊总费用、特殊门诊统筹基金支付费用、特殊门诊大病基金支付费用、特殊门诊个人自费、特殊门诊外个人自付、特殊门诊内个人自付等 14 个指标。其中，本节将“是否统一城乡居民基本医保”指标赋值为 1 代表“统一城乡居民基本医保”；赋值为 0 代表“未统一城乡居民基本医保”。此外，其他 13 个指标值都由 N 区医疗保险管理局直接统计提供。

5.4.2 单因素方差分析

本节“是否统一城乡居民基本医保”指标是一个标准的分类变量，各种住院、特殊门诊支付费用都是连续性变量，为了验证住院、特殊门诊医疗费用在整合城乡居民医保前后是否存在差异变化，因此可以考虑采用单因素方差分析。

单因素方差分析适用于处理一个因素干预下的观察变量总体均值的差异分析，处理因素要求是分类变量，观察变量是连续性变量，此外单因素方差分析还要求比较严格的方差齐次性。使用单因素方差分析，首先需进行方差齐次性检验，通过检验才可以继续使用方差分析，否则将采用修正后的单因素方差分析模型。本节使用 SPSS 22.0 统计软件对样本观察变量检验是否满足方差齐次性。方差齐次性检验的原假设是在各 α 水平下观测变量总体方差具备齐次性（方差无显著差异）。

检验结果见表 5.8，在显著性水平 $\alpha=0.05$ 下，只有住院总费用显著性 P 值大于 0.05，说明住院总费用指标通过方差齐次性检验，其他观测指标均未通过，即单因素方差分析模型存在异方差问题。

表 5.8 单因素方差分析齐次性检验结果

参数	住院总费用	住院费用				特殊门诊总费用	特殊门诊费用			
		统筹基金	大病基金	个人自费	个人自付		统筹基金	大病基金	个人自费	个人自付
Levene 统计量	0.868	9.850	81.795	7.637	94.590	60.455	29.760	26.618	297.739	80.680
显著性	0.352	0.002	0.000	0.006	0.000	0.000	0.000	0.000	0.000	0.000

异方差下检验两个总体均值差异目前主要的解决方法有极大似然 PB 检验、Welch 检验、广义 F 检验，其中 Welch 检验由于精确度高、计算方便等优点，广泛运用于样本量适中或较大情况下的异方差单因素方差分析中。

根据 SPSS 软件计算的 Welch 检验结果见表 5.9，在 $\alpha=0.05$ 显著性水平下，住院费用统筹基金和个人自费承担的部分 P 值大于 0.05，所以未通过 Welch 检验，即认为 N 区城乡居民医保整合对住院费用统筹基金报销费用和个人自费支出部分没有显著性影响，住院总费用、住院个人自费、住院个人自付部分以及所有特殊门诊费用的显著性检验 P 值均小于 0.05，检验结果表示 N 区城乡居民医保整合前后住院总费用、住院费用大病保险保销费用、个人自付部分和所有特殊门诊费用的均值均有显著性差异。

表 5.9 单因素方差分析 Welch 检验结果

项目	住院总费用	住院费用				特殊门诊总费用	特殊门诊费用			
		统筹基金	大病基金	个人自费	个人自付		统筹基金	大病基金	个人自费	个人自付
统计量 α	9.747	1.333	15.782	0.030	86.656	31.726	17.225	4.490	217.315	41.842
显著性	0.002	0.248	0.000	0.863	0.000	0.000	0.000	0.034	0.000	0.000

5.4.3　断点回归分析

由于本节研究内容是城乡居民医保整合对医疗费用支出影响，故将“是否统一城乡居民医保”设置为处理变量，并根据“是”“否”分别赋值为1、0。同时，为了确定局部回归区域，确定了处理规则，定义一个分组变量：参保时间距。其中，参保时间距指年终结算日期减去参保日期所得天数。本节样本数据年终结算日期为2017年12月31日，参保日期个体有所不同。此外，由于尚未获取到个人收入具体数据，故选取平均可支配收入、居民类别两个指标作为控制变量，综合反映参保城乡居民收入状况，一定程度上识别收入对医疗费用的影响。剔除无参保时间记录样本17个，剩余有效样本47410个，最终全部纳入断点回归分析。

断点回归处理指标说明见表5.10。

表5.10　断点回归处理指标说明

变量类型	变量符号	变量名称	变量说明
处理变量	treatment	是否统一城乡居民医保	1=统一，0=未统一
分组变量	distance	参保时间距	结算日期-参保日期
控制变量	age	年龄	1=成年居民，0=未成年居民
	income	收入	N区城乡居民可支配收入
	category	居民类别	1=非特殊群体，0=特殊群体
被解释变量	H	住院费用	个人住院发生总费用
	H_1	住院费用统筹基金支付	统筹基金支付部分住院费用
	H_2	住院费用大病保险支付	大病保险报销部分住院费用
	H_3	住院费用个人自理	个人承担目录外住院费用
	H_4	住院费用个人支付	个人承担目录内住院费用
	O	特殊门诊费用	个人特殊门诊发生总费用
	O_1	特殊门诊统筹基金支付	统筹基金支付部分特殊门诊费用
	O_2	特殊门诊大病保险支付	大病保险报销部分特殊门诊费用
	O_3	特殊门诊个人自理	个人承担目录外特殊门诊费用
	O_4	特殊门诊个人自付	个人承担目录内特殊门诊费用

5.4.3.1　断点回归设计主要步骤

一般而言，断点回归主要有以下三个步骤：（1）确定断点。2017年1月1日起G市全面实施统一的城乡居民医保，但各县（区）根据实际整合进程并不一致，甚至同一个地方不同医保基金整合程度也不一样。但理论上参保时间距>365天、偏离越远，N区城乡居民医保统一的概率会越小；参保时间距≤365天、偏离越远，N 区城乡居民医保统一的概率越大。因此需要结合断点回归图和跳跃性检验是否存在这样间断点，对处理变量进行模糊分组。(2) 断点处选择合适区域回归。确认断点后，选择合适的带宽做分组变量（参保时间距）对因变量（各项医疗费用支出）的局部回归分析，计算各区域平均处理效应及检验显著性，理论上如果不同最优带宽通过显著性检验结果一致，说明政策效应越明显。(3) 有效性检验。衡量断点回归分析结果是否可靠，一是通过平均处理效应显著性检验，而是分组变量密度函数在断点处存在跳跃性；二是所有协变量在断点处区域满足连续性假设。

5.4.3.2 断点图

断点回归图通常可以比较直观地描述分组变量和处理变量、被解释变量之间关系，也有助于精准确定分组变量的跳跃点。图 5.3 所示的横轴表示参保时间距，纵轴表示在不同参保时间距范围内参保统一的城乡居民医保人数比例。由图 5.1 可知，在参保时间距 365 天的附近存在明显的跳跃点，这与 G 市城乡居民医保整合进程要求具有一致性。

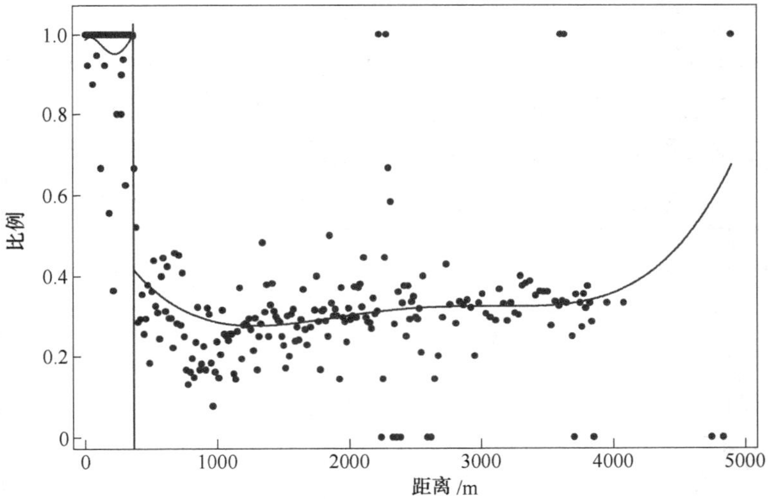

图 5.3 参保时间距断点图

5.4.3.3 回归分析结果

为了检验断点回归估计结果的稳健性，本节利用 stata14.0 软件根据 IK 法计算的最优带宽 0.5、1、2 倍进行局部线性回归，回归估计城乡居民医保对医疗费用的影响系数，即城乡居民医保对费用控制的政策效应。理论上，不同带宽估计的系数显著性结果一致性程度越高，断点回归估计效果越好。局部沃尔德估计值（Lwald）

表示局部平均处理效应的大小，即断点回归方程中分组变量的回归系数。

从断点回归结果来看：

(1) 见表5.11，城乡居民医保整合与住院费用存在反向对应关系，但只有在2倍带宽区域下，城乡居民医保整合对住院费用具有显著负影响，其他区域下都不显著。

表5.11　无协变量城乡居民医保对住院费用的影响

无协变量	住院费用				
	H	H_1	H_2	H_3	H_4
Lwald	-5207.98	-846.49	-70.93	-644.46	-609.94
	(4284.05)	(3235.73)	(96.55)	(939.06)	(1785.49)
Lwald50	-5727.54	-6516.47	-660.34	-2715.10②	-5370.32③
	(6814.13)	(4826.36)	(422.61)	(1408.13)	(2004.45)
Lwald200	-6368.80①	-3728.72①	79.40③	-852.70①	-2785.25②
	(3756.22)	(2154.68)	(18.60)	(494.98)	(1220.40)

注：1. 括号内数值为标准误差；

2. ①、②、③分别表示在0.1、0.05、0.01下显著性水平。

(2) 表5.12估计结果显示，在三个不同带宽区域下，城乡居民医保整合对特殊门诊费用在1%水平下都具有显著正影响，这意味着N区城乡居民医保整合前后总体住院费用呈现一定程度下降，特殊门诊费用出现显著增长。

表5.12　无协变量城乡居民医保对特殊门诊费用的影响

无协变量	特殊门诊费用				
	O	O_1	O_2	O_3	O_4
Lwald	1039.47③	501.80③	-14.77	123.96③	187.50③
	(32.62)	(19.95)	(34.60)	(10.92)	(9.47)
Lwald50	1250.04③	616.13③	-70.29	143.84③	228.74③
	(100.68)	(35.07)	(74.83)	(20.02)	(11.89)
Lwald200	964.79③	418.25③	23.79③	109.60③	145.03③
	(23.69)	(10.39)	(6.78)	(7.39)	(5.62)

注：③同表5.11。

为了提高城乡居民医保对医疗费用支出的影响估计结果的准确性，本节加入"年龄""收入""类别"三个控制变量识别年龄、收入对医疗费用支出的影响效应，得到加入协变量条件下城乡居民医保对医疗费用支出断点回归结果。

表5.13估计结果显示，加入控制变量后，城乡居民医保对总体住院费用具有显著的负影响，除大病保险支付外，统筹基金支付、个人支付住院费用都出现较明显的

下降。估计结果表明加入控制变量后，城乡居民医保对住院费用的影响显著性检验结果更好，进一步说明城乡居民医保整合后住院费用下降趋势是存在的。

表 5.13 有协变量城乡居民医保对住院费用的影响

有协变量	住院费用				
	H	H_1	H_2	H_3	H_4
Lwald	-9202.21③	-3497.97	-94.47	-1010.88	-1332.5
	(4409.23)	(3320.81)	(103.13)	(934.85)	(1818.97)
Lwald50	-10559.01②	-10559.44②	-884.03①	-3174.62②	-6615.92③
	(6881.85)	(4865.31)	(428.64)	(1398.15)	(1987.61)
Lwald200	-10084.53②	-6190.58③	127.01	-1231.77②	-3413.47③
	(4009.50)	(2254.90)	(114.22)	(500.11)	(1252.34)

注：①、②、③同表 5.11。

表 5.14 估计结果显示，大体来看，加入控制变量后，城乡居民医保对特殊门诊总费用、各门诊细项支付都具有正向影响，尤其是短期增加效应更为显著。这也可以理解，城乡居民医保整合后新医保政策出台极大释放了参保居民门诊医疗需求，增加了门诊费用的支出。

与无控制变量条件下一样，大病保险门诊支出短期内出现下降情况，这可能与大病保险提高报销门槛、防范基金透支风险有关，但随着回归区域扩大，依然显示城乡居民医保对大病保险门诊支付具有正向影响，只是未通过显著性检验。对比无控制变量断点回归估计结果，加入控制变量较大程度上改善了城乡居民医保对住院费用的估计结果，但对提高对门诊费用的影响效应估计结果未见明显优化，因此关于协变量选取依然有一定的改善空间，但最终有无协变量下城乡居民医保对医疗费用支出的影响估计结果都是一致的，即城乡居民医保整合后出现住院费用降低、特殊门诊费用显著增加趋势。

表 5.14 有协变量城乡居民医保对特殊门诊费用的影响

有协变量	特殊门诊费用				
	O	O_1	O_2	O_3	O_4
Lwald	170.75①	91.12③	-35.68	20.61②	37.69③
	(93.79)	(25.17)	(39.62)	(10.06)	(14.57)
Lwald50	142.71	172.14③	-94.20	36.15①	64.61②
	(180.06)	(45.47)	(80.31)	(20.79)	(8.98)
Lwald200	78.71	54.81	5.72	12.81	20.67
	(89.29)	(41.60)	(11.98)	(12.47)	(14.51)

注：①、②、③同表 5.11。

为了保证断点回归方法的有效性，有必要从分组变量的跳跃性和控制变量的连续性两个角度进行检验，其中 McCrary 检验是比较常见的方法之一。本节继续使用 stata14. 0 进行相关 McCrary 检验，检验结果见表 5. 15。

表 5. 15　断点回归有效性检验结果

Lwald	年龄	类别	收入
H	-0. 87③	0. 86③	-171. 84
H_1	-0. 85③	0. 84③	-144. 63
H_2	-0. 90③	0. 91③	-33. 27
H_3	-0. 89③	0. 90③	-47. 88
H_4	0. 87③	0. 86③	-62. 83
O	-0. 88③	0. 89③	-54. 14
O_1	-1. 03②	1. 01③	106. 97
O_2	-1. 07③	1. 05②	219. 37
O_3	-1. 02	0. 98①	48. 38
O_4	-1. 15③	1. 13③	345. 10

注：①、②、③同表 5. 11。

有效性检验中原假设为协变量、分组变量在断点处的条件密度存在跳跃，根据表 5. 15 检验结果可知，只有控制变量中收入指标符合连续性条件，而年龄、类别指标检验结果大多数情况下不符合连续性假设。分组变量参保时间距（distance）间断参数估计系数为-4. 07，标准误差为 0. 042，故可认为分组变量密度函数在断点处存在跳跃性。但是，考虑协变量样本数据本身存在无法精确度量问题，协变量不连续不一定由处置效应引起的，故本次断点回归方法有效性检验虽然不是十分理想，只有部分变量符合条件假设，但仍可在一定程度上佐证相关研究结论。

为了验证第 4 章关于医疗费用变化的基本结论，本章选用年龄、收入指标作为控制变量，“是否整合城乡居民医保”作为自变量，各项住院费用和特殊门诊费用指标作为被解释变量，运用断点回归分析“两保合一”政策对各项医疗费用支出的影响。回归结果显示，N 区城乡居民医保整合后对住院费用具有负向影响，对特殊门诊费用具有正向影响，且在不同的显著性水平下具有统计学意义。考虑年龄、收入控制变量之后，住院、门诊费用变化转移现象依旧存在，说明“两保合一”政策背景下住院医疗费用增长速度得到一定的遏制，特殊门诊费用可能未来面临费用增长过快问题，其医疗费用控制工作需要引起医保经办机构的重视。

5.5 “两保合一”对医疗费用影响述评

本章基于G市整合后城乡居民医保制度设计内容和N区2015～2017年整合前后城乡居民医保费用支出变化情况，利用新旧医保制度对比分析以及描述统计方法，首先深入分析“两保合一”背景下医疗费用变化特征。其次通过单因素方差分析、断点回归分析等定量分析方法，研究“两保合一”政策对医疗费用变化的影响，旨在论证医疗费用变化驱动力来自于“两保合一”政策。最后立足于“两保合一”政策，提出合理的策略建议，积极应对城乡居民医保医疗费用变化新形势。经过第4章变化特征分析和本章实证分析，最终通过验证得出G市N区城乡居民医保以下几点研究结论。

5.5.1 筹资水平急剧增长，农村居民个人缴费增幅大于收入增幅

本章基于G市N区2012～2017年医保基金筹资标准和城乡居民纯收入情况，通过对比分析筹资标准年增长率与城乡居民纯收入增长率，研究发现城乡居民医保整合后医保基金筹资水平急剧增长，但农村居民纯收入增长速度远低于筹资标准，快速增长的筹资标准可能给农村居民带来一定的缴费压力。

5.5.2 城乡居民医保大病保险基金使用率下降

本章基于N区2015～2017年参保城乡居民医疗费用支出情况，伴随大病保险筹资标准的提高，而2017年大病保险平均医疗费用支付出现下降，特别是住院费用支出，以及通过医保基金使用率的测算，研究发现城乡居民医保大病保险基金使用率开始下降。

5.5.3 城乡居民医保补偿待遇总体优于新农合补偿标准

本章基于整合后城乡居民医保与新农合、城镇居民医保的制度内容对比分析，发现新农合不仅在医保报销目录范围小于城乡居民医保，而且特殊门诊、住院费用在三级医疗机构的报销比例也低于城乡居民医保。同期城镇居民医保除了大病保险报销封顶线太低，其他未见明显劣势。

5.5.4 医疗费用总额平稳上升，但表现结构差异

本章首先基于描述统计方法分析G市N区2015～2017年医疗费用支出变化，统计结果显示N区总体医疗费用支出处于平稳上升状态，但医疗供给结构出现住院向门诊转移现象，即人均住院费用增长速度放缓，特殊门诊费用增长速度加快。本章分析可能原因在于整合后城乡居民医保对住院费用控制取得一定成效，同时门诊待遇提高刺激了门诊医疗需求。进一步实证研究表明，“两保合一”政

策对住院医疗费用支出具有显著的负向影响，对特殊门诊费用支出具有显著的正向影响。

5.5.5 未成年人医疗费用增长速度大于成年人

本章基于 N 区 2015 ~2017 年未成年人与成年人医疗费用支出情况，通过对比分析发现，未成年人无论是平均住院费用支出还是特殊门诊费用支出增长速度远高于成年人，尤其是门诊费用差异更为明显，本章分析可能原因在于由于环境等影响特殊慢性病开始向年轻人群体扩散以及“两保合一”政策让更多未成年居民纳入医保范畴，特别是广大学生群体，极大地释放了未成年人的医疗需求。

医保基金收入稳定增长与住院费用增长速度下降保证了医保基金平衡支付能力，但补偿待遇提高除吸引更多城乡居民参保外，也增加了医疗基金支付压力，此外门诊费用快速增加和未成年人急剧增长的医疗费用带来了新的费用控制考验。在“两保合一”政策背景下，这些有利和不利条件共同构成了城乡居民医保医疗费用变化新形势，当前有必要采取合理的策略进行积极应对。

5.6 “两保合一”背景下医疗费用控制策略

2017 年 G 市 N 区实行统一的城乡居民医保，有力地释放了原“参合”农民的医疗需求，同时不可避免地面临医疗费用增长问题，这也是未来医保经办机构亟待解决的问题之一。结合第 3 章 G 市城乡居民医保相关制度设计，依据第 4 章、本章 N 区城乡居民医保整合后住院费用、特殊门诊费用变化特点，借鉴国外医疗保险费用控制的经验做法，本书基于医疗服务供给方、医疗服务需求方、医保经办机构三方博弈机制，立足于“两保合一”政策，对 G 市 N 区提出了城乡居民医保控制医疗成本的策略。

5.6.1 加强门诊就医与报销行为监督，防范门诊费用过快增长

结合本章城乡居民医保医疗费用结构变化分析可知，城乡居民医保整合后门诊费用急剧增长。过去我国多数地区城镇居民医保和新农合为了降低对门诊行为监督成本，对门诊费用补偿大多实行个人家庭账户做法，较少从更高层次统筹参保人门诊费用报销，而以家庭为单位统筹门诊疾病支出。但这种家庭层次统筹，降低了参保人抗医疗支出风险的能力，也不利于进一步提高门诊报销待遇，抑制了城乡居民的参保积极性，因此家庭门诊统筹在未来只能是一种辅助补充手段，建立高层次门诊统筹是整合后城乡居民医保的必然选择。2017 年南昌市实行统一的城乡居民医保个人门诊统筹，逐步取消家庭门诊补偿金。为了防止未来门诊费用可能出现门诊统筹基金透支风险，有必要规范门诊就医行为，加强医保经办机构对门诊费用的报销审核力度，建立奖励金制度，鼓励对门诊违规就医和报销行为的举报稽核。

5.6.2 建立未成年人健康管理系统，增强疾病预防意识

未成年人医疗费用支出，除了受免疫力系统较低的影响外，与生理、心理发育阶段也密切相关。有研究表明，12 岁以下儿童患呼吸道传染性疾病的概率比较大，13～18 岁青少年患青春期类疾病增多。随着很多慢性病向年轻人群体蔓延，加上传染性疾病易在校园等公共场所扩散，给城乡居民医保未成年人医疗费用支出造成较大的压力。医保经办机构应联合医疗服务机构、学校对未成年人建立专门的健康管理系统，对未成年健康状态和治愈状况进行实时监控，实现平台信息互通，有利于未成年人疾病及时救助和防止传染性疾病肆意扩散。此外，医保主管单位人社部门应联合当地教育部门、学校开展未成年人疾病防控教育，使学生养成良好的卫生习惯，促进身体保健锻炼活动开展，增强疾病预防意识。

5.6.3 加快基层卫生服务体系发展，完善长期护理制度

建立分级诊疗，是国外医疗保险实现有效控费的重要举措，是医疗卫生服务体系发展的重要方向之一。分级诊疗，有助于医疗资源的有效配置、提高医疗卫生服务效率。其中，基层卫生服务体系建设是实行分级诊疗的重要基础和保障。例如，英国等发达国家都十分重视社区医院的发展投入。目前我国分级诊疗体系发展水平较落后，存在基层医护人力资源投入不足、个人费用支付较高、基层医疗机构医疗服务水平不高、分级诊疗宣传力度低等问题。目前我国分级诊疗体系的主要问题在于基层医疗服务机构发展水平较低。加快基层卫生服务体系发展，有利于双向转诊制度推行，提高参保人到基层首诊的积极性。随着我国老龄化现象加重，独生子女家庭中青壮年逐渐成为社会劳动主力军，空巢老人比重将越来越大，这些老年人的日常护理和疾病康复将成为我国医疗卫生服务机构需要解决的繁重任务。加大对长期护理的社会支持，加快发展社区护理，降低长期护理家庭负担，完善长期护理制度，有助于参保城乡居民慢性病的康复治疗，防范疾病恶化风险，进一步降低社会医疗总成本。

参考文献

[1] Altman Stuart H. The lessons of Medicare's prospective payment system show that the bundled payment program faces challenges [J]. Health Affairs, 2012, 31: 1923-1930.

[2] Angulo A M, Barberán R, Egea P, et al. An analysis of health expenditure on a microdata population basis [J] . Economic Modelling, 2011, 28 (1): 169-180.

[3] Arrow K J. Uncertainty and Welfare Economics of Medical Care [J]. The American Economic Review, 1963, 53 (5): 941-973.

[4] Babiarz Kimberly S, Miller Grant, Yi Hongmei, et al. China's new cooperative medical scheme improved finances of township health centers but not the number of patients served [J]. Health Affairs (Project Hope), 2012, 31 (5): 1065-1074.

[5] Barber Sarah L, Michael Borowitz, Henk Bekedam, et al. The hospital of the future in China: China's reform of public hospitals and trends from indus-trialized countries [J]. Health Policy and Planning, 2014, 29: 367-378.

[6] Barros P. Cream-skimming, incentives for efficiency and payment system [J]. Journal of Health Economics, 2003, 22: 419-443.

[7] Benstetter F, Wambach A. The treadmill effect in a fixed budget system [J]. Journal of Health Economics 2006, 25 (1): 146-169.

[8] Bickerdyke I, Dolamore R, Monday I, et al. Supplier-InducedDemand for Medical Services [R]. Canberra: Productivity Commission StaffWorking Paper, 2002.

[9] Bogg L, Huang K, Long Q, et al. Dramatic increase of Cesarean deliveries in the midst of health reforms in rural China [J]. Social Science & Medicine, 2010, 70: 1544-1549.

[10] Borda A, Sanz B, Otero L, et al. Tiempo de viaje y participación en el cribado del cáncer de mama en una región de alta dispersión poblacional [Travel time and participation in breast cancer screening in a region with high population dispersion]. Gac Sanit 2011, Vol. 25.

[11] Bradley Chen, Victoria Y. Fan. Strategic Provider Behavior Under Global Budget Payment With Price Adjustment In Taiwan [J]. Health Economics, 2015, 24: 1422-1436.

[12] Buor D. Distance as a predominant factor in the utilisation of health services in the Kumasi metropolis, Ghana. Geojournal, 2002, 56 (2): 145-157.

[13] Chalom E C, Goldsmith D P, Koehler M A, et al. Prevalence and outcome of uveitis in a regional cohort of patients with juvenile rheumatoid arthritis [J]. Journal of Rheumatology, 1997, 24 (10): 2031～2034.

[14] Chang G M, Cheng S H, Tung Y C. Impact of cuts in reimbursement on outcome of acute myocardial infarction and use of percutaneous coronary intervention: a nationwide population-based study over the period 1997 to 2008 [J]. Medical Care, 2011, 49(12): 1054-1061.

[15] Gao Chen, Xu Fei, Liu Gordon G. Payment reform and changes in health care in China [J]. Social Science & Medicine, 2014: 10-16.

[16] Chen S H. The political analysis of global budgeting for the national health insurance [D]. Master thesis. National Taiwan University. Taipei, Taiwan. 2009.

[17] Chen Bradley, Fan Victoria Y. Strategic provider behavior under global budget payment with price adjustment in Taiwan [J]. Health Economics, 2015, 24: 1422-1436.

[18] Chen F J, Laditka J N, Laditka S B, et al. Providers' responses to global budgeting in Taiwan: What were the initial effects? [J]. Health Services Management Research, 2007, 20 (2): 113-120.

[19] Chen Yuyu, Ginger Zhe Jin. Does health insurance coverage lead to better health and educational outcomes? Evidence from rural China [J]. Journal of Health Eco-nomics, 2012, 31: 1-14.

[20] Cheng Lingguo, Hong Liu, Ye Zhang, et al. The impact of health insurance on health outcomes and spending of the elderly: evidence from China's New Cooperative Medical Scheme [J]. Health Economics, 2015, 24: 672-691.

[21] Cheng Shou-Hsia, Chen Chi-Chen, Chang Wei-Ling. Hospital response to a global budget program under universal health insurance in Taiwan [J]. Health Policy, 2009, 92: 158-164.

[22] Chernew M E, Hirth R A, Cutler D M. Increased spending on health care: long term implications for the nation [J]. Health Affairs, 2009, 28 (5): 1253-1255.

[23] Cowan S. Price-cap regulation [J]. Swedish Economic Policy Review, 2002, 9: 167-188.

[24] Dafny Leemore S. How do hospitals respond to price changes? [J]. American Economic Review, 2005, 95: 1525-1547.

[25] David Dranove, Paul Wehner. Physician-induced demand for childbirths [J]. Journal of Health Economics, 1994 (13): 61-73.

[26] Decarolis, Francesco. Medicare part D: Are insurers gaming the low income subsidy design? [J]. American Economic Review, 2015, 105: 1547-1580.

[27] Dobkin Carlos, Steven L Puller. The effects of government transfers on monthly cycles in drug abuse, hospitalization and mortality [J]. Journal of Public Economics, 2007, 91: 2137-2157.

[28] Docteur E, Oxley H. Health-system reform: Lessons from experience. In Towards High-Performing Health Systems. OECD Policy Studies, Paris: Organization for Economic Co-Operation and Development, 2004: 19-86.

[29] Duggan M G. Ownership and public medical spending [J]. Quarterly Journal of Economics, 2000, 115: 1343-1373.

[30] Einav Liran, Amy Finkelstein, Neale Mahoney. Provider incentives and healthcare costs: Evidence from long-term care hospitals [R]. NBER Working Paper, 2017.

[31] Eliason Paul J, Grieco Paul L E., McDevitt Ryan C, et al. Roberts (2016): "Strategic patient discharge: the case of long-term care hospitals," NBER Working Paper.

[32] Elise Coudin, Anne Pla, Anne-Laure Samson. Gp Responses To Price Regulation: Evidence From A French Nationwide Reform [J]. Health Economics, 2015, 24: 1118-1130.

[33] Ellis Randall P. Rational behavior in the presence of coverage ceilings and deductibles [J]. Rand Journal of Economics, 1986, 17: 158-175.

[34] Evans R G. Supply-Induced Demand: Some Empirical Evidence and Implications. [M] //Perlman M, Ed. Macmillan, London: The Economics of Health and Medical Care. 1974. : 162-173.

[35] Evans William N, Timothy J Moore: The short-term mortality conse-quences of income receipt

[J]. Journal of Public Economics, 2011, 95: 1410-1424.

[36] Fan V Y, Savedoff W D. The health financing transition: a conceptual framework and empirical evidence [J]. Forthcoming, Social Science and Medicine. 2014 (105): 112-121.

[37] FRANDSEN B, FRÖLICH M, MELLY B. Quantile Treatments Effects in the Regression Discontinuity Design [J]. Journal of Econometrics, 2012, 168 (2): 382-395.

[38] Fuchs V. The supply of surgeons and the demand for operations [J]. Journal of Human Resources, 1978, 13: 35-56.

[39] Gabrysch S, Cousens S, Cox J, et al. The Influence of Distance and Level of Care on Delivery Place in Rural Zambia: A Study of Linked National Data in a Geographic Information System [J]. Plos Medicine, 2011, 8 (1): e1000394.

[40] García-Lacalle J, Martín E. Efficiency improvements of public hospitals under a capitation payment scheme [J]. Health Econ Policy Law, 2013, 8 (3): 335-364.

[41] Gosden T, Forland F, Kristiansen I, et al. Impact of payment method on behavior of primary carephysicians: A systematic review [J]. Journal of Health Services Research and Policy, 2001, 6: 44-54.

[42] Grytten J, Holst D, Skau I. Incentives and remuneration systems in dental services [J]. International Journal of Health Care Finance and Economics, 2009, 9: 259-278.

[43] Hahn J, Todd P, Van der Klaauw W. Identification and Estimation of Treatment Effects With a Regression Discontinuity Design [J]. Econometrica, 2001, 69 (1): 201-209.

[44] Hansen B E. Sample Splitting and Threshold Estimation [J]. Econometrica, 2000, 68.

[45] Hausman Jerry, Bronwyn H. Hall, Zvi Griliches. Econometric models for count data with an application to the patents-R&D relationship [J]. Econometrica, 1984, 52. 909-938.

[46] Heike Hennig-Schmidt, Reinhard Selten, Daniel Wiesen. How payment systems affect physicians' provision behavior-An experimental investigation [J]. Journal of Health Economics, 2011, 30: 637-646.

[47] Lin Herng-Ching, Yang Ming-Chin, Chen Chu-Chieh, et al. Opinions of Hospital Administrators Toward The Prevalence Of Patient Dumping In Taiwan [J]. Chang Gung Med J, 2004, 27(1): 35-43.

[48] Hitoshi Shigeoka, Kiyohide Fushimi. Supplier-induced demand for newborn treatment: Evidence from Japan [J]. Journal of Health Economics, 2014, 35: 162-178.

[49] Horwitz J, Nichols A. Hospital ownership and medical services: Market mix, spillover effects and nonprofit objectives [J]. Journal of Health Economics, 2009, 28: 924-937.

[50] Chiu Hsien-Jane, Chou Po-Han, El-WuiLoh, Tzuo-Yun Lan, et al. Changes in the prescription pattern of antipsychotics for schizophrenic outpatients after the implementation of a global budgeting program [J]. Journal of the Chinese Medical Association, 2014, 77: 325-332.

[51] Huang R R. Distance and trade: Disentangling unfamiliarity effects and transport cost effects [J]. European Economic Review, 2007, 51 (1): 161-181.

[52] Iizuka T. Expert's agency problems: Evidence from the prescription drug market in Japan [J]. RAND Journal of Economics, 2007, 38: 844-862.

[53] Ikegami N, Campbell J C. Japan's health care system: Containing costs and attempting reform. Health Affairs, 2004, 23: 26-36.

[54] Imbens G, Lemieux T. Regression Discontinuity Designs: A Guide to Practice [J]. Journal of Econometrics, 2008, 142 (2): 615-635.

[55] Jaegher K D, Jegers M. A Model of Physician Behavior with Dem and Inducement [J]. Journal of Health Economics, 2000 (19): 231-258.

[56] Javier Garci'A-Lacalle, Emilio Marti'N. Efficiency improvements of public hospitals under a capitation payment scheme [J] . Health Economics, Policy and Law, 2013, 8: 335-364.

[57] Jegers M, Kesteloot K, De Graeve D, et al. A typology for provider payment systems in health care [J]. Health Policy, 2002, 60: 255-273.

[58] Sun Jing, Kang Jun, Qu Qian, et al. Did capitation payment reform make a difference in Chinese rural primary health care? [J]. Healthcare in Low-resource Settings, 2014, 2: 1839.

[59] Journal of Health Economics, 46: 16-32.

[60] Kahneman D, Tversky A. Prospect Theory: An Analysis of Decision under Risk [J]. Econometrica, 1979, 47 (2): 363-391.

[61] Kan Kamhon, Li Shu-Fen, Tsai Wei-Der. The impact of global budgeting on treatment intensity and outcomes [J]. Int J Health Care Finance Econ, 2014, 14: 311-337.

[62] Kaplan, Cameron, Zhang Yuting. The January effect: Medication reiniti - ation among medicare part D beneficiaries [J]. Health Economics, 2014, 23: 1287-1300.

[63] Karen Eggleston. Risk Selection and Optimal Health Insurance-Provider Payment Systems [J]. The Journal of Risk and Insurance, 2000, 67 (2): 173-196.

[64] Keeler E B, Newhouse J P, Phelps C E. Deductibles and the demand for medical services: the theory of a consumer facing a variable price schedule under uncertainty [J]. Econometrica, 1977, 45: 641-655.

[65] Kevin M Currier. A practical approach to quality-adjusted price cap regulation [J]. Telecommunications Policy, 2007, 31: 493-501.

[66] Kim, Yan S. , Eric C. Kleerup, et al. Medicare payment policy creates incentives for long-term care hospitals to time discharges for maximum reimbursement [J]. Health Affairs, 2015, 34: 907-915.

[67] Knaul F M, Arreola-Ornelas H, Mendez-Carniado O, et al. Health System Reform in Mexico: Evidence is good for your health system: policy reform to remedy catastrophic and impoverishing health spending in Mexico [J]. The Lancet, 2006, 368 (9549) .

[68] Kornai J, Maskin E, Roland G. Understanding the soft budget constraint [J]. Journal of Economic Literature, 2003, 41: 1095-1136.

[69] Langen Brunner M, Wiley M. Hospital payment mechanisms: Theory and practice in transition countries. Hospitals in a changing Europe [M]. Open University Press, Buckingham, 2002.

[70] Lee David S, Thomas Lemieux. Regression Discontinuity Designs in Economics [J]. Journal of Economic Literature, 2010, 48 (2): 281-355.

[71] Lee M C, Jones A M. How did dentists respond to the introduction of global budgets in Taiwan? An evaluation using individual panel data [J]. International Journal of Health Care Finance and Economics, 2004, 4: 307-326.

[72] Lei Xiaoyan, Wanchuan Lin. The New Cooperative Medical Scheme in rural China: Does more coverage mean more service and better health? [J]. Health Economics, 2009, 18 (S25-S46).

[73] Li Chang, Hung Jung-Hua. The effects of the global budget system on cost containment and the quality of care: Experience in Taiwan [J]. Health Services Management Research, 2008, 21: 106-116.

[74] Li Xiang, Pan Yao, Hou Shuangyi, et al. The impact of the new cooperative medical scheme on financial burden of tuberculosis patients: evidence from six counties in China Infectious Diseases of Poverty, 2016, 5 (1): 1-8.

[75] Lin H C, Yang M C, Chen C C, et al. Hospital administrators opinions toward the prevalence of patient dumping in Taiwan [J]. Chang Gung Medical Journal (Taiwan), 2004, 27: 35-43.

[76] Lin Wanchuan, Liu Gordon G, Gang Chen. The Urban Resident Ba-sic Medical Insurance: A landmark reform toward universal coverage in China [J]. Health Economics, 2009, 18: S83-S96.

[77] Cheng Lingguo, Liu Hong, Zhang Ye, et al. The Impact Of Health Insurance On Health Outcomes And Spending Of The Elderly: Evidence From China's New Cooperative Medical Scheme [J]. Health Econ, 2015, 24: 672-691.

[78] Liu Kai. Insuring against health shocks: Health insurance and household choices [D]. 2016.

[79] Lo J C, Chan V L. An exploratory investigation of the effect of hospital global budgeting on payment distribution [J]. Taiwan Journal of Public Health, 2007, 26 (4): 261-269.

[80] Long Stephen H, Susan Marquis M. Toward a Global Budget for the U. S. Health System: Implementation Issues and Information Needs. Santa Monica, CA: RAND Corporation, 1994. http: //www. rand. org/pubs/issue_ papers/IP143. html.

[81] López-Nicolás A. Unobserved heterogeneity and censoring in the demand for health care [J]. Health Economics, 1998, 7 (5): 429-437.

[82] Luis OtavioFacanha, Marcelo Resende. Price cap regulation, incentives and quality: The case of Brazilian telecommunications [J]. Int J Production Economics, 2004, 92: 133-144.

[83] Makoto Kakinaka, Ryuta Ray Kato. Regulated medical fee schedule of the Japanese health care system [J]. Int J Health Care Finance Econ, 2013, 13: 301-317.

[84] Malqvist M, Sohel N, Do T T, et al. Distance decay in delivery care utilisation associated with neonatal mortality. A case referent study in northern Vietnam [J]. Bmc Public Health, 2010, 10 (1): 762.

[85] Marc J, Roberts W, Hsiao P B, et al. Getting Health Reform Right: A Guide to Improving Performance and Equity [M]. Oxford University Press: USA, 2003: 165.

[86] McCue M J, Thomson J M, Dodd-McCue D. Association of market, mission, operational, and financial factors with hospitals' level of cash and security investments [J]. Inquiry, 2000,

37: 411-422.

[87] McGrail M R, Humphreys J S. Measuring spatial accessibility to primary care in rural areas: Improving the effectiveness of the two-step floating catchment area method [J]. Applied Geography, 2009, 29 (4): 533-541.

[88] McGuire T G. Physician Agency, Handbook of Health Economics, 2000.

[89] McKnight R. Medicare balance billing restrictions: Impacts on physicians and beneficiaries [J]. Journal of Health Economics, 2007, 26: 326-341.

[90] McLaren, et al. Distance decay and persistent health care disparities in South Africa [J]. BMC Health Services Research, 2014, 14 (1): 541.

[91] Dai Mian. Product choice under price regulation: Evidence from out-patient dialysis markets [J]. International Journal of Industrial Organization, 2014, 32: 24-32.

[92] Michael Chernew. Bundled Payment Systems: Can They be More Successful this Time [J]. Health Services Research, 2010, 45: 1141-1147.

[93] Miclutia I, Junjan V, Popescu C A, et al. Migration, mental health and costs consequences in Romania [J]. Journal of Mental Health Policy and Economics, 2007, 10 (1): 43-50.

[94] Moretto M, Valbonesi P. Firm regulation and proft sharing: a real option approach. The B. E. Journal of Economic Analysis and Policy, 2007, 7 (1), Article 56. Available at http: //www. bepress. com/bejeap/vol7/iss1/art56.

[95] Mougeot M, Naegelen F. Hospital price regulation and expenditure cap policy [J]. Journal of Health Economics, 2005, 24 (1): 55-72.

[96] Murillo C, Calonge S, González Y. La financiación privada de los servicios sanitarios [M]. López G, Rodríguez D Eds. , La regulación de los servicios sanitarios en España. Civitas, Madrid, 1997, 26.

[97] Mwaliko E, Downing R, O' Meara W, et al. "Not too far to walk": The influence of distance on place of delivery in a western Kenya health demographic surveillance system [J]. BMC Health Services Research, 2014, 14 (1): 212.

[98] Nguyen M T, Chan W Y, Keeler C. The Association Between Self-Rated Mental Health Status and Total Health Care Expenditure: A Cross-Sectional Analysis of a Nationally Representative Sample [J]. Medicine, 2015, 94 (35): 1410.

[99] Pan Jay, Lei Xiaoyan, Liu Gordon G. Health insurance and health status: exploring the causal effect from a policy intervention [J]. Health Economics, 2016, 25: 1389-1402.

[100] Panteghini P M, Scarpa C. Political pressures and the credibility of regulation: Can proft sharing mitigate regulatory risk? [J]. International Review of Economics, 2008, 55 (3): 253-274.

[101] Pearson J. The Employer's Perspective in Managed Behavioral Health Services: Perspectives and Practice [M]. Edited by Feldman S. Springfield, Ill, Charles C Thomas, 2003.

[102] Penchansky R, Thomas J W. The concept of access: Definition and relationship to consumer satisfaction [J]. Medical Care, 1981, 19: 127-140.

[103] Phillips David P, Nicholas Christenfeld, Natalie M Ryan. An in-crease in the number of

deaths in the United States in the firt week of the month: An association with substance abuse and other causes of death [J]. New England Journal of Medicine, 1999, 341: 93-98.

[104] Hsu Pi-Fem. Does a global budget superimposed on fee-for-service payments mitigate hospitals' medical claims in Taiwan? [J]. Int J Health Care Finance Econ, 2014, 14: 369-384.

[105] Pruitt Z, Robst J, Langland-Orban B, et al. Healthcare costs associated with antiretroviral adherence among Medicaid patients. Applied Health Economics and Health Policy, 2015, 13 (1): 69-80.

[106] Radcliff, et al. Factors Associated with Travel Time and Distance to Access Hospital Care Among Infants with Spina Bifida [J]. Matern Child Health J, 2016, 20 (1): 205-217.

[107] Raknes, et al. Distance and utilisation of out-of-hours services in a Norwegian urban/rural district: An ecological study [J]. BMC Health Services Research, 2013, 13 (1): 222.

[108] Rice T H. The impact of changing medical care reimbursement rates onphysician-induced demand [J]. Medical Care, 1983, 21 (8): 803-815.

[109] Roberta Pellegrino, Luigi Ranieri, Nicola Costantino, et al. A Real Options-Based Model To Supporting Risk Allocation In Price Cap Regulation Approach For Public Utilities [J]. Construction Management And Economics, 2011, 29: 1197-1207.

[110] Roberts M J, Hsiao W, Berman P, et al. Getting Health Reform Right: A Guide to Improving Performance and Equity [M]. Oxford: Oxford University Press, 2004.

[111] Sappington D. The effects of incentive regulation on retail telephone service quality in the United States [J]. Review of Network Economics, 2003, 2 (4): 355-375.

[112] Sebastian Calonico, Matias D. Cattaneo, Rocio Titiunik. Robust Nonparametric Confidence Intervals for Regression-Discontinuity Designs [J]. Econometrica, 2014, 82 (6): 2295-2326.

[113] Sekimoto M, Ii M. Supplier-induced demand for chronic disease care in Japan: Multilevel analysis of the association between physician density and physician-patient encounter frequency [J]. Value Heal Reg Issues, 2015, 6: 103-110.

[114] Sepehri A, Simpson W, Sarma S. The influence of health insurance on hospital admission and length of stay-The case of Vietnam [J]. Social Science and Medicine, 2006, 63: 1757-1770.

[115] Shen Y-C, Eggleston K. The effect of soft budget constraints on access and quality in hospital care [J]. International Journal of Health Care Finance and Economics, 2009, 9: 211-232.

[116] Sherman Folland, Allen C. Goodman, MironStano. The Economics of Health and Health Care (7th Edition): . 2010. New Jersey : Prentice Hall.

[117] Cheng Shou-Hsia, Chen Chi-Chen, Chang Wei-Ling. Hospital response to a global budget program under universal health insurance in Taiwan [J]. Health Policy, 2009, 92: 158-164.

[118] Silverman E, Skinner J. Medicare upcoding and hospital ownership [J]. Journal of Health Economics, 2004, 23: 369-389.

[119] Simon C J, Dranove D, White W D . The Effect of Managed Care on the Income of Primary Care and Specialty Physicians [J] . Health Serv Res, 1998, 9 (33): 549-569 .

[120] Sloan F A. Not-for-profit ownership and hospital behavior [M]. Culyer A J, Newhouse J P, Eds. Handbook of Health Economics, Vol. 1, Part B (: 1141-1174). Elsevier, 2000.

[121] Smith C A, Wright D, Day S. Distancing the mad: Jarvis's Law and the spatial distribution of admissions to the Hamilton Lunatic Asylum in Canada, 1876-1902 [J]. Social Science and Medicine, 2007, 1 (64): 2362-2377. doi: 10. 1016/j. socscimed.

[122] Sohler K B, Clapis J A. Jarvis' law and the planning of mental health services [R]. HSMHA Health Reports, 1972, 87 (1): 75-80.

[123] Sørensen R, Grytten J. Service production and contract choice in primary physician services [J]. Health Policy, 2003, 66: 73-93.

[124] Stephens Melvin. 3rd of the month: Do social security recipients smooth con-sumption between checks? [J]. American Economic Review, 2003, 93: 406-422.

[125] Stulz, et al. The gravitational force of mental health services: Distance decay effects in a rural Swiss service area [J]. BMC Health Services Research, 2018, 18 (1): 81.

[126] Sun Xiaoyun, Sukhan Jackson, Gordon Carmichael, et al. Catastrophic medical payment and financial protection in rural China: evidence from the New Cooperative Medical Scheme in Shandong province [J]. Health Economics, 2009, 18: 103-119.

[127] Teke K, Kisa A, Demir C, et al. Appropriateness of admission and length of stay in a Turkish Military Hospital [J]. Journal of Medical Systems, 2004, 28 (6): 653-663.

[128] Tseng K C, Hemenway D, Kawachi I, et al. Travel Distance and the Use of Inpatient Care among Patients with Schizophrenia, 2008, 35 (5): 346-356.

[129] Tung Y-C, Chang G-M. The effect of cuts in reimbursement on stroke outcome: A nationwide population-based study during the period 1998 to 2007 [J]. Stroke, 2010, 41 (3): 504-509.

[130] Van Der Klaauw W. Regression-Discontinuity Analysis: A Survey of Recent Developments in Economics [J]. Labour, 2008, 22 (2): 219-245.

[131] Vogelsang I. Incentive regulation and competition in public utility markets: A 20-year perspective [J]. Journal of Regulatory Economics, 2002, 22 (1): 5-27.

[132] Volpp K G, Ketcham J D, Epstein A J, et al. The effects of price competition and reduced subsidies for uncompensated care on hospitals mortality [J]. Health Serv Res, 2005, 40: 1056-1077.

[133] Waddell C, Dibley M. The medicalization of aboriginal children: A comparison of the lengths of hospital-stay of aboriginal and non-aboriginal children in Western Australia and the Northern Territory [J]. Australian Paediatric Journal, 1986, 22.

[134] Wagstaff Adam, Magnus Lindelow, Jun Gao, et al. Extending health insurance to the rural population: an impact evaluation of China's New Coorperative Medical Scheme [J]. Journal of Health Economics, 2009, 28: 1-19.

[135] Wagstaff Lindelow, Gao Jun, Xu Ling, et al. Extending health insurance to the rural population: An impact evaluation of China's new cooperative medical scheme [J]. Journal of Health Economics, 2009, 28 (1): 1-19.

[136] Yang Wei, Wu Xun. Paying for outpatient care in rural China: cost escalation under China's New Co-operative Medical Scheme [J]. Health Policy and Planning, 2015, 30: 187-196.

[137] Zhang Wei, Guh Daphne, Sun Huiying, et al. The Impact of Price-cap Regulations on Exit by Generic Pharmaceutical Firms [J]. Medical Care, 2016, 54 (9): 884-890.

[138] Weisman D. Price regulation and quality [J]. Information Economics and Policy, 2005, 17 (2): 165-174.

[139] Yasaitis L C, Bynum J P W, Skinner J S. Association between physician supply, local practice norms and outpatient visit rates [J]. Med Care.,2013, 51: 524-531.

[140] Ye S, Tiong R L K. Tariff adjustment frameworks for privately financed infrastructure projects [J]. Construction Management and Economics, 2003, 21 (4): 409-419.

[141] You Xuedan, Yasuki Kobayashi. The New Cooperative Medical Scheme in China [J]. Health Policy, 2009, 91: 1-9.

[142] Younis M, Rivers P A, Fottler M D. The impact of HMO and hospital competition on hospital costs [J]. J Health Care Finance, 2005, 31: 60-74.

[143] Yu Hao. Universal health insurance coverage for 1. 3 billion people: what accounts for China's success? [J]. Health Policy, 2015, 119: 1145-1152.

[144] Zhang Yuting, Ma Qianheng, Chen Yingchun, et al. Effects of public hospital reform on inpatient expenditures in rural China [J]. Health Economics, 2017, 26: 421-430.

[145] Zhang Chuanchuan, Lei Xiaoyan, John Strauss, et al. Health insurance and health care among the mid-aged and older Chinese: Evidence from the national baseline survey of CHARLS [J]. Health Economics, 2017, 26: 431-449.

[146] 曹静，王鑫，钟笑寒．限行政策是否改善了北京市的空气质量？[J]．经济学（季刊），2014（4）：1091-1121.

[147] 程令国，张晔．“新农合”：经济绩效还是健康绩效？[J]．经济研究，2012（1）：120-133.

[148] 邓丽，邵景安，郭跃，等．基于改进的两步移动搜索法的山区医疗服务空间可达性——以重庆市石柱县为例［J］．地理科学进展，2015（6）：716-725.

[149] 方黎明．新型农村合作医疗和农村医疗救助制度对农村贫困居民就医经济负担的影响[J]．中国农村观察，2013（2）：80-90.

[150] 黄如意，胡善菊．医疗市场的“萨伊定律”——供给诱导需求［J］．卫生软科学，2008（3）：233-235.

[151] 黄新飞，陈珊珊，李腾．价格差异、市场分割与边界效应——基于长三角 15 个城市的实证研究［J］．经济研究，2014（12）：18-32.

[152] 贾继荣，高广颖，马骋宇，等．北京市新型农村合作医疗大病保险实施效果及基金流向研究［J］．中国卫生经济，2016（1）：41-44.

[153] 解垩．与收入相关的健康及医疗服务利用不平等研究［J］．经济研究，2009（2）：92-105.

[154] 句华．助推理论与政府购买公共服务政策创新［J］．西南大学学报（社会科学版），2017（3）：74-80.

[155] 李玲，王健，袁嘉．医院距离对农村地区居民住院需求的影响：一个离散选择模型的

应用 [J]. 中国卫生经济, 2014 (1): 11-13.
[156] 李晓阳, 张一, 王延庆, 等. 我国医疗市场供给诱导需求实证分析 [J]. 中国软科学, 2009 (S2): 215-219.
[157] 林闽钢, 李楠. 我国农村合作医疗的"健康医疗券"研究 [J]. 农业经济问题, 2008 (1): 60-65.
[158] 林闽钢. 化解供方诱导需求与重构我国农村医疗卫生控费路径 [J]. 学海, 2009 (2): 54-59.
[159] 刘德明, 江芹, 张振忠. 新型农村合作医疗病种床日付费方式改革的实施效果 [J]. 中国卫生经济, 2015 (7): 28-30.
[160] 柳泽, 杨宏宇, 熊维康, 等. 基于改进两步移动搜索法的县域医疗卫生服务空间可达性研究 [J]. 地理科学, 2017 (5): 728-737.
[161] 吕国营, 薛新东. 卫生经济学中供方诱导需求命题研究评述 [J]. 经济学动态, 2008 (9): 95-100.
[162] 马梦雷, 欧阳静, 李晓玲, 等. 按病种付费对新型农村合作医疗住院患者费用的影响分析: 以乌鲁木齐为例 [J]. 中国卫生经济, 2015 (7): 25-27.
[163] 宁满秀, 刘进. 新型农村合作医疗制度对农户医疗负担的影响——基于供给者诱导需求视角的实证分析 [J]. 公共管理学报, 2014 (7): 59-69.
[164] 宁满秀, 杨志武, 刘进. 新农合的福利效果与改革方向——基于供给者诱导需求的分析框架 [J]. 中南大学学报 (社会科学版), 2013 (5): 32-36.
[165] 彭向荣, 供方视角下的新农合可持续性问题研究——以江苏省新沂市王楼卫生院为例 [J]. 中国卫生经济, 2008 (11): 47-49.
[166] 盛红旗, 王黎勇, 沈郁淇, 等. 潍坊市新型农村合作医疗总额定额付费方式改革与探索 [J]. 中国卫生经济, 2016 (1): 45-47.
[167] 万东华, 等. 广东省县域内住院率的空间特征及影响因素分析 [J]. 现代医药卫生, 2018 (4): 490-494.
[168] 王超, 张春红, 毛宗福. 基于发展模型的新型农村合作医疗支付方式改革控费效果分析 [J]. 中国卫生经济, 2014 (9): 49-51.
[169] 王凡, 温小霓. 我国医疗供方诱导需求理论与实证 [J]. 中国卫生事业管理, 2007 (1): 12-14.
[170] 王利燕, 袁长海. 医疗保险中的道德风险分析与控制 [J]. 卫生经济研究, 2006, (7): 34-35.
[171] 吴文琪, 等. 中部地区居民就诊机构选择决策因素变化研究 [J]. 中国医院管理, 2018 (3): 23-25.
[172] 薛秦香, 苏敏, 周忠良. 新型农村合作医疗总额预付制对住院费用的影响 [J]. 中国卫生经济, 2015 (8): 41-43.
[173] 余静文, 王春超. 新"拟随机实验"方法的兴起——断点回归及其在经济学中的应用 [J]. 经济学动态, 2011 (2): 125-131.
[174] 张川川. 养老金收入与农村老年人口的劳动供给——基于断点回归的分析 [J]. 世界

经济文汇，2015（6）：76-89.
[175] 张英，陈绍志．产权改革与资源管护——基于森林灾害的分析［J］．中国农村经济，2015（10）：15-27.
[176] 赵峰，刘锦林，吴静，等．单病种模式下新农合住院费用影响因素研究［J］．西北大学学报（哲学社会科学版），2014（5）：170-176.
[177] 朱生伟．供给诱导需求：医疗改革中被忽视的问题［J］．中南民族大学学报（人文社会科学版），2006（3）：112-115.